大连市安全生产条例释义

王　峰　编著

煤炭工业出版社

·北　京·

图书在版编目（CIP）数据

大连市安全生产条例释义/王峰编著. --北京：煤炭工业出版社，2017（2018.6 重印）

ISBN 978-7-5020-6131-9

Ⅰ.①大… Ⅱ.①王… Ⅲ.①安全生产—生产管理—条例—法律解释—大连 Ⅳ.①D927.313.254.5

中国版本图书馆 CIP 数据核字（2017）第 247929 号

大连市安全生产条例释义

编　　著　王　峰
责任编辑　刘永兴　尹燕华
责任校对　邢蕾严
封面设计　于春颖

出版发行　煤炭工业出版社（北京市朝阳区芍药居 35 号　100029）
电　　话　010-84657898（总编室）
010-64018321（发行部）　010-84657880（读者服务部）
电子信箱　cciph612@126.com
网　　址　www.cciph.com.cn
印　　刷　北京建宏印刷有限公司
经　　销　全国新华书店

开　　本　710mm×1000mm 1/16　**印张**　10 1/4　**字数**　110 千字
版　　次　2017 年 10 月第 1 版　2018 年 6 月第 2 次印刷
社内编号　9011　**定价**　40.00 元

前　　言

安全生产是关系人民群众生命财产安全的大事，是经济社会协调健康发展的标志。十几年来，大连市依据《安全生产法》等法律法规实施安全生产法治化管理，安全生产工作取得了明显成效，但仍面临着一般事故时有发生，亘特大事故偶有发生，安全生产风险依然较大的严峻形势，必须继续强化依法治理，用法治思维和法律手段解决安全生产问题。为进一步贯彻落实中共中央意见，将安全生产法等现行法律法规落实到位，在大连市更具操作性、适用性，大连市以地方性安全生产法规的形式予以配套支持安全生产法。这也是大连市的第一部地方性安全生产法规。因此，《大连市安全生产条例》的颁布实施，是大连市安全生产法制建设进程中的一件大事，它为进一步全面加强全市安全生产工作，预防和减少生产安全事故，提供了更加有力的法律保障。

本条例在总结大连市安全生产工作取得的成功经验，深入查找安全生产领域存在的突出问题的基础上，以遏制生产安全事故为目标，突出事前预防，重点建立10项制度措施：①企业全员安全生产责任制度；②企业安全承诺公告制度；③企业危险作业安全管理制度；④企业安全生产诚信管理制度；⑤安全生产标准体系完善制度；⑥危险化学品安全保障制度；⑦重大事故隐患责任追究制度；⑧应急救援人员人身保险制度；⑨向市人大报告重特大事故制度；⑩政府部门安全生产责任清单和尽职免责制度。本条例内容丰富、规范性强，较好地贯彻了新修订的《安全生产法》和《辽宁省安全生产条例》的立法精神和相关原则规定。

编者有幸应大连市安全生产监督管理局的邀请作为主要编纂人承担了本条例的编纂等立法工作。为配合本条例的学习、宣传和贯彻，编者编著了这本《大连市安全生产条例释义》，旨在帮助有关政府部门、企事业单位和广大人民群众准确理解、把握条例的精神实质和内容要义，切实把本条例规定的各项制度措施落实到安全生产工作之中，取得实效。

因编者认识水平有限，加之时间仓促，本书难免有疏漏不当之处，欢迎读者朋友批评指正。

编　者

2017 年 8 月

目　　录

大连市安全生产条例

大连市人民代表大会常务委员会公告 …… 3
大连市安全生产条例 …… 4

大连市安全生产条例释义

第一章　总则 …… 17
　第一条　【立法目的和立法依据】 …… 17
　第二条　【适用范围】 …… 20
　第三条　【安全生产工作理念、方针和机制】 …… 21
　第四条　【企业全员安全生产责任制】 …… 24
　第五条　【政府安全生产工作领导职责】 …… 27
　第六条　【安全生产工作监督管理体制】 …… 30
　第七条　【安全生产社会化服务和行业自律】 …… 32
　第八条　【安全生产标准和严格准入许可】 …… 34
　第九条　【政府安全生产宣传义务】 …… 38
第二章　生产经营单位的安全生产保障 …… 41
　第十条　【安全生产条件】 …… 41

第十一条　【技术机构和技术人员安全生产职责】…… 45
第十二条　【班组长安全生产职责】…………………… 47
第十三条　【从业人员安全生产义务】………………… 49
第十四条　【安全生产教育培训】……………………… 53
第十五条　【事故隐患排查治理】……………………… 56
第十六条　【采购安全产品和服务】…………………… 58
第十七条　【危险作业安全管理】……………………… 59
第十八条　【外包项目监管和安全维护技术】……… 62
第十九条　【安全承诺公告和风险分级管控】……… 64
第三章　危险化学品安全 ……………………………… 67
第二十条　【化工园区规划和危化项目进园区】……… 67
第二十一条　【化工园区建设】……………………… 68
第二十二条　【化工园区外危化装置安全距离】……… 70
第二十三条　【作业场所通信报警装置和报警连锁系统】……………………………… 71
第二十四条　【危险化学品安全储存】……………… 73
第二十五条　【化工企业特殊作业安全】…………… 75
第四章　安全生产的监督管理 ………………………… 77
第二十六条　【安全监管范围和监督检查计划】……… 77
第二十七条　【分类分级监督管理】………………… 78
第二十八条　【重大事故隐患违法行为追责】……… 80
第二十九条　【委托机构专家提供安全服务】……… 81
第三十条　【建设项目竣工验收监督核查】………… 82
第三十一条　【大型活动专项安全措施】…………… 83
第三十二条　【安全生产诚信管理】………………… 84

第五章　生产安全事故应急救援和调查处理 ………………… 87
第三十三条　【政府应急救援体系】 ………………… 87
第三十四条　【企业应急救援体系和救援人员保障】………………… 89
第三十五条　【应急救援队伍指挥和社会救援补偿】………………… 92
第三十六条　【事故调查和向市人大报告重特大事故】………………… 93
第六章　法律责任 ………………… 96
第三十七条　【未正常使用报警连锁系统的法律责任】………………… 96
第三十八条　【违法发包维修维护项目的法律责任】………………… 97
第三十九条　【行政处罚决定权】 ………………… 98
第四十条　【工作人员法律责任和尽职免责】………………… 99
第四十一条　【其他法律法规罚则适用】 ………………… 100
第七章　附则………………… 101
第四十二条　【施行日期】 ………………… 101

附录一　中华人民共和国安全生产法………………… 102
附录二　辽宁省安全生产条例………………… 132

大连市安全生产条例

大连市人民代表大会常务委员会公告

第七号

《大连市安全生产条例》业经2017年4月25日大连市第十五届人民代表大会常务委员会第三十三次会议表决通过，2017年5月25日辽宁省第十二届人民代表大会常务委员会第三十四次会议批准，现予公布，自2017年7月1日起施行。

大连市人民代表大会常务委员会
2017年6月2日

大连市安全生产条例

（2017年4月25日　大连市第十五届人民代表大会常务委员会第三十三次会议通过　2017年5月25日　辽宁省第十二届人民代表大会常务委员会第三十四次会议通过）

第一章　总　　则

第一条　为了加强安全生产工作，防止和减少生产安全事故，保障人民群众生命和财产安全，促进经济社会持续健康发展，根据《中华人民共和国安全生产法》和《辽宁省安全生产条例》等有关法律、法规，结合本市实际，制定本条例。

第二条　在本市行政区域内从事生产经营活动的单位（以下统称生产经营单位）的安全生产及相关监督管理活动，适用本条例。法律、法规另有规定的，适用其规定。

第三条　安全生产工作应当坚持以人为本、安全发展，贯彻安全第一、预防为主、综合治理的方针，建立生产经营单位负责、职工参与、政府监管、行业自律和社会监督的机制。

第四条　生产经营单位是安全生产工作的责任主体。生产经营单位的主要负责人和实际控制人同为本单位安全生产第一责任人，对本单位安全生产工作全面负责；分管安全生产的负责人对本单位的安全生产工作具体负责；其他负责人、相关人员在履行岗位职责的同时履行相应的安全生产工作职责。

第五条 市及区（市）县人民政府应当加强对安全生产工作的领导，根据国民经济和社会发展规划制定安全生产规划，建立和完善安全生产责任制度和巡查、考核制度，及时协调解决安全生产监督管理中存在的重大问题，支持、督促各有关部门依法履行安全生产监督管理职责。

具有行政管理职能的市人民政府派出机构根据授权，做好安全生产监督管理相关工作。

第六条 市及区（市）县人民政府安全生产监督管理部门依法对本行政区域的安全生产工作实施综合监督管理，指导协调、监督检查、巡查考核本行政区域内人民政府有关部门和下级人民政府安全生产工作，并对职责范围内生产经营单位的安全生产工作实施监督管理。

市及区（市）县人民政府有关部门，依照相关法律、法规的规定，在各自职责范围内对本行业、领域的安全生产工作实施监督管理。

安全生产监督管理部门和对有关行业、领域的安全生产工作实施监督管理的部门，统称为负有安全生产监督管理职责的部门。

第七条 市及区（市）县人民政府及其有关部门应当支持安全生产社会化服务机构参与安全生产活动，推进安全生产社会化服务体系建设。

有关协会组织应当建立健全行业自律管理约束机制，制订并组织实施安全生产行业守则，提高企业安全生产管理水平。

第八条 市安全生产监督管理部门应当会同有关部门，推动安全生产相关的地方标准和团体标准的制定。

依法严格实行高危行业安全准入条件和安全生产许可制度。

鼓励生产经营单位借鉴实施国际先进安全技术标准。

第九条 市及区（市）县人民政府及其有关部门应当采取多种形式，加强安全生产法律、法规和安全生产知识的宣传，增强全社会的安全生产意识。

乡（镇）人民政府、街道办事处应当组织开展安全生产应急知识的宣传普及活动。

教育主管部门应当将安全知识纳入有关课程或者课外教育内容。

第二章 生产经营单位的安全生产保障

第十条 生产经营单位应当具备下列安全生产条件：

（一）生产经营场所和设施、设备符合安全技术标准以及国家、省的相关规定；

（二）落实全员安全生产责任制，健全安全生产规章制度、安全生产操作规程和应急救援预案；

（三）保证安全生产所必需的资金投入；

（四）依法设置安全生产管理机构，或者配备专、兼职安全生产管理人员；

（五）主要负责人和安全生产管理人员具备相应的安全生产知识和管理能力；

（六）配备符合规定的劳动防护用品；

（七）法律、法规以及有关标准规定的其他条件。

第十一条 生产经营单位的技术机构或者技术人员应当履行下列安全生产职责：

（一）组织制定并实施本单位的安全操作规程、安全技术标准，保障产品或者工艺设计符合安全生产要求；

（二）组织制定并实施本单位安全技术措施、整改技术措施，以及应急救援技术措施；

（三）检查本单位生产经营过程中存在的安全技术问题并及时组织处理；

（四）法律、法规等规定的其他安全生产职责。

生产经营单位应当支持技术机构及技术人员开展安全生产科学技术研究，提高单位安全生产技术保障能力。

第十二条 生产经营单位班组长或者现场带班人员应当履行下列安全生产职责：

（一）布置当班安全生产工作，组织检查确认作业场所、设施、设备、工具以及防护用品等符合要求；

（二）巡回检查作业环境、安全设施及生产系统，及时排查并按照规定处理事故隐患；

（三）实施岗位安全标准化作业，模范遵守安全操作规程，纠正和制止不安全行为。

第十三条 生产经营单位从业人员应当履行下列安全生产义务：

（一）严格遵守本单位的安全生产规章制度和操作规程，服从管理，正确佩戴和使用劳动防护用品；

（二）接受安全生产教育和培训，掌握本职工作所需要的安全生产知识，具备安全生产技能以及事故预防和应急处理能力；

（三）发现事故隐患或者其他不安全因素立即向现场安全

生产管理人员或者本单位负责人报告；

（四）发生生产安全事故时及时报告，依法采取应急处理措施，紧急撤离时服从现场统一指挥；

（五）配合生产安全事故调查，如实提供有关情况；

（六）法律、法规规定的其他义务。

从业人员可以签署年度安全生产承诺书，承诺知悉并履行本岗位安全生产职责。

第十四条 生产经营单位应当对从业人员进行安全生产教育和培训。下列人员未经安全生产教育和培训合格的，生产经营单位不得安排其上岗作业：

（一）新入职、转岗和离岗六个月以上复岗人员；

（二）采用新工艺、新技术、新材料或者使用新设备岗位人员；

（三）劳务派遣、临时用工、实习人员。

其他需要进入作业场所的人员，生产经营单位应当对其进行安全教育。

第十五条 生产经营单位应当定期组织排查本单位的生产安全事故隐患，并对排查出的事故隐患按照危险等级进行分类管理，制定相应整改方案，逐项治理。

第十六条 生产经营单位采购的产品或者服务应当符合安全技术标准。

第十七条 生产经营单位进行国家、省规定的危险作业，应当遵守下列规定：

（一）对作业内容进行危险有害因素辨识，严格实施作业前风险分析；

（二）制定作业和应急处置方案，明确安全防范和应急处置措施；

（三）审批人员现场检查确认安全措施落实情况，审批作业票证；

（四）指定专门人员进行现场统一指挥、管理和监护，并对作业人员、监护人员进行现场安全培训和安全技术交底；

（五）在作业现场采取照明、通风、检测、通信、监测和设立安全警示标志等措施，按规定配发劳动防护用品和应急救援器材；

（六）确保应急疏散通道畅通；

（七）法律、法规或者国家标准、行业标准、地方标准规定的其他现场安全管理要求。

第十八条　生产经营单位发包生产经营设施设备维修、维护项目，应当对承包单位的维修、维护活动进行监督，不得发包给不具备安全生产条件或者相应资质的单位或者个人。

鼓励采取预测性维护技术以及其他先进技术对生产经营设施、设备等进行安全维护。

第十九条　高危行业领域、大中型生产经营单位、重大建设项目、人员密集场所应当每天进行安全风险自查，由主要负责人将自查结果在作业、经营场所进行公告；并应当按照不同行业风险分级方法，排查风险、组织评估防控措施，定期向负有安全生产监督管理职责的部门报告。

第三章　危险化学品安全

第二十条　市人民政府在编制城乡规划时，应当根据需要规划适当区域建设化工园区或者化工集中区，专门用于危险化学品的生产、储存项目建设。

新设立的危险化学品生产、储存单位，应当在市人民政府规划的化工园区或者化工集中区区域内选址建设。

第二十一条 化工园区或者化工集中区建设应当符合下列要求：

（一）选址与城市建成区、人口密集区、重要设施之间保持足够的安全距离，留有适当的发展空间；

（二）区域内各生产经营单位布局满足安全防护距离的要求，合理布置功能分区；

（三）具备完善的基础、公共配套设施以及安全保障设施，安全保障设施应当与基础、公共配套设施同步规划、同步建设、同步投入使用。

第二十二条 化工园区或者化工集中区区域外涉及危险化学品的生产装置和储存数量构成重大危险源的危险化学品储存设施，与周边单位的距离应当符合国家的有关规定。

对已有的不符合前款规定的装置、设施，相关部门应当监督相关单位有计划地实施搬迁或者改造；暂时无法实施搬迁或者改造的，应当采取有效的安全保障措施。

市及区（市）县人民政府规划、建设、消防、安监等有关部门实施本行政区域规划和建设项目审批，应当严格执行国家安全距离的规定。

第二十三条 生产、经营、运输、储存、使用以及处置废弃危险化学品等涉及危险化学品的生产经营单位应当按照有关规定在作业场所设置通信、报警装置以及相应的安全设施、设备，并在相关装置上配备报警连锁系统，保证其能够正常使用。

任何单位和个人不得擅自停用通信和报警装置、安全设施设备以及报警连锁系统。

第二十四条 涉及危险化学品的生产经营单位应当按照危险化学品的危险特性，将化学性质相抵触、灭火方法不同的化学物料分离储存，并制定相应的应急处置方案，配备应急救援物资以及必要的专用灭火剂。

危险化学品的生产、储存单位应当随时完整记录危险化学品储存的种类、数量、位置等数据，并按照相关规定进行数据备份，保障数据安全。

第二十五条 涉及危险化学品的生产经营单位进行动火、动土、吊装、临时用电、进入受限空间、检维修、盲板抽堵等作业，应当遵守有关规定，并不得委托不具备相应资质的单位和人员进行相关作业。

鼓励涉及危险化学品的生产经营单位对动火作业实施第三方监督。

第四章　安全生产的监督管理

第二十六条 负有安全生产监督管理职责的部门应当根据各自职责权限，确定本部门具体的安全生产监督管理范围和监督管理对象，制定或者会同相关部门制定监督检查计划，进行安全生产监督检查。

第二十七条 负有安全生产监督管理职责的部门对生产经营单位进行安全风险等级分类管理，并对评定为风险等级高的生产经营单位加大监督检查频次。

第二十八条 负有安全生产监督管理职责的部门对监督管理范围内存在重大事故隐患的生产经营单位进行调查，并对其中违反安全生产管理规定的行为，依法予以处理。

第二十九条 负有安全生产监督管理职责的部门在安全生产监管活动中，可以委托安全生产社会化服务机构或者安全生产专家提供有偿服务。安全生产社会化服务机构和安全生产专家应当按照有关法律、法规、规章和标准的规定开展工作。

第三十条 负有安全生产监督管理职责的部门应当加强对非煤矿山、金属冶炼和用于生产、储存、装卸危险物品的建设项目竣工验收的监督核查。

第三十一条 举办重要会议或者大型活动期间，负有安全生产监督管理职责的部门根据各自职责，制定专项安全生产管理措施，并组织落实。

第三十二条 负有安全生产监督管理职责的部门，应当对生产经营单位实行安全生产诚信分类管理，建立激励和惩戒制度，将安全生产违法行为信息纳入信用信息系统，并实现部门间信用信息资源的共享。

对安全生产违法行为情节严重的生产经营单位，有关部门应当按照规定通过信用信息系统向社会公布，在经营、投融资、政府采购、工程招投标、国有土地出让、授予荣誉、进出口、出入境、资质审核等方面予以限制或者禁止。

第五章　生产安全事故应急救援和调查处理

第三十三条 市及区（市）县人民政府应当组织有关部门制定本行政区域内生产安全事故应急救援预案，建立应急救援指挥机构、组建应急救援队伍、配备应急救援装备、储备应急救援物资，完善安全生产应急救援体系。

第三十四条 生产经营单位应当按照依法规范、科学施救的原则，制定本单位的生产安全事故应急救援预案和年度应急预案演练计划。建立应急救援队伍或者指定应急救援兼职人员，配备必要的应急救援器材、设备和物资，并按照应急预案演练计划组织应急演练。

生产经营单位应当为专职应急救援人员购买人身意外伤害险，配备必要的防护装备和器材，减少应急救援人员的人身风险。鼓励生产经营单位为兼职应急救援人员购买人身意外伤害险。

第三十五条 生产安全事故发生后，市及区（市）县人民政府应急救援队伍和具有相关专业知识、技能和装备的企业应急救援队伍、社会救援组织应当接受应急救援指挥机构的统一指挥和安排，迅速参加事故抢险。

企业应急救援队伍、社会救援组织按照应急救援指挥机构统一指挥和安排参加安全事故抢险的，应当依照有关规定予以补偿。

第三十六条 生产安全事故发生后，市及区（市）县人民政府应当按照事故等级和管辖权限，依法组织事故调查，也可以依法委托有关部门进行事故调查。

发生重大、特别重大生产安全事故的，市人民政府应当适时向市人大常委会报告。

第六章 法 律 责 任

第三十七条 生产经营单位违反本条例规定配备的报警连锁系统未处于正常使用状态或者擅自停用该报警连锁系统的，

责令限期改正，可以处五万元以下的罚款；逾期未改正的，处五万元以上二十万元以下的罚款，对其直接负责的主管人员和其他直接责任人员处一万元以上二万元以下的罚款；情节严重的，责令停产停业整顿。

第三十八条 生产经营单位违反本条例规定将生产经营设施设备维修、维护项目发包给不具备安全生产条件或者相应资质的单位或者个人的，责令限期改正，可以处十万元以上二十万元以下的罚款，对其直接负责的主管人员和其他直接责任人员可以处一万元以上二万元以下的罚款。

第三十九条 本条例规定的行政处罚，由安全生产监督管理部门和其他负有安全生产监督管理职责的部门按照职责分工决定。

第四十条 市及区（市）县人民政府应当根据本行政区域内的安全生产状况和部门职责制定有关部门安全生产权力和责任清单，尽职照单免责。

负有安全生产监督管理职责的部门的工作人员不履行本条例规定的职责，或者有其他滥用职权、玩忽职守、徇私舞弊行为的，依法给予处分。

第四十一条 违反本条例规定的行为，法律、法规已有处罚规定的，按照其规定予以处罚。

第七章 附 则

第四十二条 本条例自2017年7月1日起施行。

大连市安全生产条例释义

第一章　总　　则

《总则》一章共计九条，主要规定了本条例的立法目的、立法依据、适用范围；安全生产工作理念、方针和机制；生产经营单位的安全生产主体责任和全员安全生产责任制；政府的安全生产工作领导职责；安全生产工作监督管理体制；安全生产社会化服务和行业自律；安全生产地方标准和团体标准；安全生产法律法规和知识的宣传教育等内容。

第一条　为了加强安全生产工作，防止和减少生产安全事故，保障人民群众生命和财产安全，促进经济社会持续健康发展，根据《中华人民共和国安全生产法》和《辽宁省安全生产条例》等有关法律、法规，结合本市实际，制定本条例。

【释义】本条是关于条例立法目的和立法依据的规定。

一、立法目的

立法目的表明的是为什么要制定本条例，或者制定本条例要实现的基本社会目标。立法目的贯穿于整部条例制度设计的始终，所有条文都是围绕立法目的来设计，并为立法目的服务的。本条例规定的立法目的主要体现在四个方面：一是为了加强安全生产工作；二是为了防止和减少生产安全事故；三是为了保障人民群众生命和财产安全；四是为了促进经济社会持续健康发展。

1. 为了加强安全生产工作

这是制定本条例最直接的目的。安全生产事关全市人民群众生命财产安全，事关全市经济发展和社会稳定大局，事关党和政府的形象，是一项只能持续加强而不能有任何削弱的极为重要的工作。特别是大连市正处于工业化、城镇化快速发展进程中，整体安全生产基础尚欠扎实，个别行业领域安全生产责任尚未落实、安全防范和监督管理尚未到位、违法生产经营建设行为屡有发生，生产安全事故尚未得到有效遏制，安全生产各方面工作亟待进一步加强。其中，具有基础性、长远性和根本性意义的措施就是不断加强安全生产法制建设，通过完善相关制度，确立基本的行为规范，明确相关主体的职责，使安全生产工作有章可循、有规可依。2002 年以来，我国颁布实施了《安全生产法》等一系列有关安全生产法律法规，大连市也制定了相应的安全生产政府规章，对于规范和加强相关行业领域的安全生产工作发挥了积极的作用。与此同时，也需要制定一部安全生产领域的综合性、基础性地方法规，明确具有共性的制度规范，更加全面、系统地规范安全生产工作。

2. 为了防止和减少生产安全事故

这是制定本条例的基本目的。安全生产形势和安全生产工作的成效是通过生产安全事故来衡量的，不发生或者少发生事故表明安全生产形势稳定趋好，安全生产工作成效显著，反之表明安全生产形势严峻，安全生产工作没有取得实效。制定本条例就是要从制度、体制、机制等方面设计防止和减少生产安全事故，特别是减少重特大事故，使事故发生率和造成的伤亡人数不断下降。由于生产经营活动固有的风险以及人类认知和控制风险能力的局限等因素，完全杜绝生产安全事故是不现实的，只能最大限度地防止和减少事故的发生。

3. 为了保障人民群众生命和财产安全

这是制定本条例的根本目的。人民群众的生命和财产安全，是全市人民群众的根本利益所在。加强安全生产工作，防止和减少生产安全事故，归根到底是为了保障人民群众的生命和财产安全，这是以人为本理念的本质要求。将保障人民群众生命和财产安全作为制定本条例最根本的目的，就是要使这部地方法规的制度设计始终以保障全市人民群众生命和财产安全为核心，成为保障人民群众和财产安全的法治利器。

4. 为了促进经济社会持续健康发展

安全生产不仅是经济问题，更是社会问题，将促进经济社会持续健康发展作为本条例的立法目的，体现了科学发展观和安全发展理念。把安全生产工作放在经济社会发展的整体格局中，进一步明确了安全生产工作在经济社会发展中的重要位置。安全生产是经济社会持续健康发展的前提，它要求我们把安全生产与经济社会发展各项工作同步规划、同步部署、同步推进，实现安全与速度、质量、效益相统一，安全生产与经济社会发展相协调。

二、制定依据

2002 年制定、2014 年修订的《安全生产法》作为安全生产领域基本法，为我国的安全生产工作提供了法律依据；2017 年新修订的《辽宁省安全生产条例》作为安全生产地方法规，对辽宁省的安全生产工作提出了新要求，大连市各生产经营单位和相关部门都应当全面遵守、严格落实《安全生产法》和《辽宁省安全生产条例》的各项规定。但由于《安全生产法》的规定原则性较强，而大连市的生产经营活动和安全生产工作又具有与其他地区不同的特殊性，因此，本条例一方面针对上位法和相关文件的原则规定，结合大连市实际进行了具体化的规范，例如，以列明的方式规定了企业应当具备的安全生产条件和危险作业安全管理要求等。另一方面依据中共大连市委、大连市人民政府颁发的《关于进一步加强安全生产工作的意见》等规范性文件，对大连市十年来实施的全员安全生产责任制、企业安全承诺公告等成功经验，进行制度化设计，保证了本条例具有较强的针对性和实效性。需要说明的是，《安全生产法》《辽宁省安全生产条例》和本条例构建了完整的大连市安全生产法律法规体系，都是大连市安全生产工作的法律依据，都具有强制性的规范作用。

第二条　在本市行政区域内从事生产经营活动的单位（以下统称生产经营单位）的安全生产及相关监督管理活动，适用本条例。法律、法规另有规定的，适用其规定。

【释义】本条是关于条例适用范围的规定。

一、适用于生产经营单位的安全生产

所谓生产经营单位，是指从事商品生产、销售以及服务的法人和其他经济组织。大连市目前从事生产经营活动的单位按企业性质分类主要有国有企业、集体所有制企业、私营企业、股份制企业（有限责任公司和股份有限责任公司）、外商投资企业、港澳台投资企业、合伙企业、联营企业、个人独资企业、个体工商户等。不论其所有制性质、企业组织形式和生产经营规模大小，只要从事生产经营活动的单位都应当遵守本条例的规定。

二、适用于政府及相关部门的安全生产监督管理

依据《安全生产法》的规定，各级人民政府及相关部门对安全生产工作负有职责，本条例在相关法律法规规定的基础上进一步明确或者强调了大连市各级人民政府及相关部门具体的安全生产工作领导、安全生产规划、安全生产宣传教育和安全生产监督管理等工作职责，以及相应的工作内容和工作程序。大连市各级人民政府及相关部门必须严格按照本条例的规定，履行安全生产工作职责。

三、特定领域安全管理法律法规适用

在明确本条例适用于大连市生产经营单位的安全生产及相关监督管理活动的同时，本条还进一步规定：法律、法规另有规定的，适用其规定。这主要是针对消防安全、交通安全、核与辐射安全、特种设备安全等领域相关法律法规的优先适用所做出的规定。这些领域的安全既有一般生产经营单位安全生产的共性，又有明显的特点和差异性，本条例规定的相关制度措施，不能完全适应这些领域的实际情况和特点，而这些领域的安全管理都有专门的法律法规，对其做出了较全面具体的规定，应当优先适用。但需要指出的是，本条不是适用除外的规定，即并没有排除本条例在这些领域的适用，相关法律、行政法规没有做出规定的，仍然适用本条例，特别是全员安全生产责任制、安全生产培训教育、事故隐患排查治理等具有共性的制度措施。

第三条　安全生产工作应当坚持以人为本、安全发展，贯彻安全第一、预防为主、综合治理的方针，建立生产经营单位负责、职工参与、政府监管、行业自律和社会监督的机制。

【释义】本条是关于安全生产工作理念、方针和机制的规定。

一、安全生产工作理念

安全生产工作应当以人为本、坚持安全发展。以人为本是科学发展观的核心立场，集中体现了党和政府全心全意为人民服务的根本宗旨和推动经济社会发展的根本目的。以人为本的“人”，是指人民群众，“本”，就是根本，就是出发点和落脚点。以人为本就是以人民的根本利益为本。安全生产工作事关人民群众的生命和财产安全这一最根本利益，强调安全生产工作坚持以人为本，具有特殊重要的意义，这是安全生产工作的核心理念。这一理念首先要求安全生产工作始终要把人的因素放在首位，把保障人民群众生命财产安全作为根本出发点和落脚点，一切有关安全生产的方针政策、法律制度、工作安排和实施等都必须紧紧围绕并服务于这一根本要求，同时，安全生产工作必须坚持依靠群众，充分调动包括从业人员在内的广大人民群众的主动性和积极性。

安全发展是科学发展应有的含义，也是科学发展的重要前提和基础。没有安全发展也就谈不上科学发展。因此，安全发展在安全生产工作中具有重要的战略性地位。近几年，大连市有关文件中多次提出应当坚持安全发展，安全生产是安全发展的重要组成部分，安全生产工作必须坚持安全发展。本条例从法律上对此提出明确要求，对于在各项安全生产工作中更好地落实和体现安全发展的理念，具有十分重要的意义。

二、安全生产工作方针

1. 安全第一

安全是人类生存发展最基本的需求和价值目标，没有安全一切无从谈起。安全第一，就是要坚持人民群众的生命财产安全特别是生命安全高于一切，在处理保证安全与发展生产关系的问题上，始终把安全生产放在首位，坚决做到生产必须安全、不安全不生产，把安全生产作为一条不可逾越的“红线”，坚决不要“带血的GDP”。

2. 预防为主

安全生产任何时候都不允许“试错”，必须未雨绸缪，防患于未然，把工作重心放在预防上，采取各种行之有效的措施，及时消除可能引发事故的各类隐患，防止和减少事故的发生。这一方针事关整个安全生产工作的方向和重心，要求各个方面时刻居安思危，关口前移，从平时、从细微处严格落实各项安全生产责任，切实从源头上防范和遏制生产安全事故的发生。

3. 综合治理

安全生产是一项系统工程，需要多方面统筹协调、齐抓共管，综合施策、标本兼治，运用法律、经济、行政、技术、管理等手段，充分调动全社会力量，群防群治，才能达到预期目标。

三、安全生产工作机制

安全生产涉及方方面面，需要建立有效的工作机制，明确各方面的权利义务和责任，形成人人负责、齐抓共管的工作格局。

1. 生产单位负责

做好安全生产工作，落实生产经营单位主体责任是根本。建立安全生产工作机制，首先要强调生产经营单位负责，这是安全生产工作机制的根本和核心。

2. 职工参与

一方面，职工是生产经营活动的直接操作者，安全生产首先涉及职工的人身安全。保障职工对安全生产工作的参与权、知情权、监督权和建议权，是保障职工切身利益的需要。另一方面，做好安全生产工作需要职工积极配合，承担遵章守纪、按章操作等义务。没有职工的参与和配合，不可能真正做好安全生产工作。

3. 政府监管

在强化和落实生产经营单位主体责任、保障职工参与的同时，还必须充分发挥政府在安全生产方面的监管作用，以国家强制力为后盾，保证安全生产法律、法规以及相关标准得到切实遵守，及时查处、纠正安全生产违法行为，消除事故隐患。这是保障安全生产不可或缺的重要方面。

4. 行业自律

市场经济条件下，必须充分发挥行业协会等社会组织的作用，加快形成政社分开、权责明确、依法自治的现代社会组织体制，强化行业自律，使其真正成为提供服务、反映诉求、规范行为的重要社会自治力量。

5. 社会监督

安全生产工作涉及面广，必须充分发挥包括工会、基层群众自治组织、新闻媒体以及社会公众的监督作用，实行群防群治，将安全生产工作置于全社会的监督之下。

上述五个方面相互配合、互相促进，共同构成五位一体的安全生产工作机制。

第四条　生产经营单位是安全生产工作的责任主体。生产经营单位的主要负责人和实际控制人同为本单位安全生产第一责任人，对本单位安全生产工作全面负责；分管安全生产的负

责人对本单位的安全生产工作具体负责；其他负责人、相关人员在履行岗位职责的同时履行相应的安全生产工作职责。

【释义】本条是关于安全生产主体责任和全员安全生产责任制的规定

一、生产经营单位是安全生产工作的责任主体

一些行业领域事故频发，从主观原因看，其源头就是生产经营单位安全生产责任主体认识不到位、落实不到位，认为安全生产工作是政府的管理职责，本单位安全不安全、如何保障安全是政府相关部门的工作，与己无关，未主动履行法定的安全生产工作职责，未建立健全自我约束、持续改进的内生机制。因此，必须明确生产经营单位是本单位安全生产工作的责任主体，除了依靠政府、社会外部力量给予生产经营单位压力、增加外部环境约束、推动生产经营单位落实安全生产的主体责任外，更关键、更重要的是依靠提升单位主要负责人的认识，依靠生产经营单位的自觉努力，将安全生产主体责任落实到位。

二、生产经营单位的主要负责人和实际控制人的安全生产责任

由于主要负责人在生产经营单位处于决策者、指挥者、领导者、管理者的重要地位，安全生产工作能否做好，关键在于主要负责人。因此，必须明确生产经营单位主要负责人是本单位安全生产第一责任人。一般情况下，生产经营单位的主要负责人就是其法定代表人，如公司制企业的董事长、执行董事或者经理，非公司制企业的厂长、经理等。对合伙企业、个人独资企业、个体工商户，其投资人或者负责执行生产经营业务活动的人就是主要负责人。但实践中还存在法定代表人和实际经营决策人相分离的情况，法定代表人背后往往另有实际控制人，他们对生产经营单位的重大事项有最终的决策权。对此，需要明确，主要负责人和实际控制人同为本单位安全生产第一负责人，负有同等责任。

对于生产经营单位的主要负责人和实际控制人对本单位的安全生产工作全面负责的规定，应从以下三个方面理解：

（1）对本单位安全生产工作的各个方面、各个环节都要负责，而不是仅仅负责某些方面或者部分环节，不能“选择性负责”；

（2）对本单位安全生产工作全程负责。在任职期间，对本单位安全生产工作始终负有责任，不能间断，不能时而负责时而不负责。要确保本单位持续具备安全生产条件，不断提高安全生产管理水平；

（3）对本单位安全生产工作负最终责任。生产经营单位安全生产工作的总体状况、水平高低以及存在的问题，最终由主要负责人和实际控制人承担责任，不能以任何借口规避、逃避。未履行安全生产管理职责的，主要负责人和实际控制人要依法承担相应的法律责任。

三、全员安全生产责任制

生产经营单位的安全生产具体工作由分管安全生产的负责人、安全生产管理机构和安全生产管理人员负责。但鉴于生产经营单位的安全生产不单单是安全生产管理部门、安全管理人员的责任，每一个部门、每一个岗位、每一位员工都不同程度地直接或者间接地影响安全生产，因此，应当建立健全全员安全生产责任制，明确生产经营单位各个部门、各个岗位的安全生产职责，落实“一岗双责”，形成人人负责、人人做好安全生产的局面。大连市自 2015 年开始全面落实企业全员安全生产责任制以来，取得了明显的工作实效，经验得到国家安全监管总局的肯定，并作为先进的安全生产管理经验在全国交流推广。

实施全员安全生产责任制要注意三点：一是每个岗位都要明确责任人，无论是管理岗位、技术岗位、操作岗位还是其他辅助性岗位都不能例外；二是责任人必须是具体的个人，落实到人头，即使是共同负责，也应明确哪些人共同负责；三是每位员工，从主要负责人、分管负责人和其他相关负责人、管理人员、技术人员、现场指挥调度人员到普通从业人员，都要明确其具体的安全生产责任。

第五条　市及区（市）县人民政府应当加强对安全生产工作的领导，根据国民经济和社会发展规划制定安全生产规划，建立和完善安全生产责任制度和巡查、考核制度，及时协调解决安全生产监督管理中存在的重大问题，支持、督促各有关部门依法履行安全生产监督管理职责。

具有行政管理职能的市人民政府派出机构根据授权，做好安全生产监督管理相关工作。

【释义】本条是关于政府安全生产工作领导职责的规定。

一、政府对安全生产工作的领导职责

加强对安全生产工作的领导是市及区（市）县人民政府的重要职责。加强领导的具体职责是多方面的，比如制定有关安全生产工作政策，统筹安排部署本行政区域的安全生产工作；组织开展安全生产检查，组织制定生产安全事故应急救援预案；组织指挥生产安全事故应急救援；组织生产安全事故调查处理等。本条着重规定以下两方面的职责：一是建立和完善安全生产责任制度和巡查、考核制度，在明确各级人民政府和有关部门安全生产工作职责的基础上，建立巡查和考核机制，及时有效地督促下级政府及有关部门依法履行安全生产工作职责，制止和查处不作为、乱作为，确保安全生产工作职责落实到位。二是建立健全安全生产工作协调机制，及时协调解决安全生产监督管理中存在的重大问题。目前，安全生产实行综合监管与专业监管相结合、统一管理与分级负责相结合的安全生产监督管理体制，安全生产监督管理职责由多个部门行使。同时，安全生产工作涉及社会的方方面面，必须加强协调指导。市及区（市）县人民政府可以通过加强各级安全生产委员会组织领导，充分发挥其巡查、考核和统筹协调作用，支持、督促各有关部门依法履行安全生产监督管理职责。

二、政府制定实施安全生产规划职责

市及区（市）县人民政府制定并组织实施安全生产规划是《安全生产法》规定的一项法定职责。近日出台的《中共中央国务院关于推进安全生产领域改革发展的意见》也强调提出了“地方各级政府要把安全生产纳入经济社会发展总体规划，制定实施安全生产专项规划。”的意见，对此，应当给予足够重视。

（1）安全生产规划是对未来一段时期内安全生产工作的目标、主要任务以及实现目标和任务的保障措施等所做的预先安排和总体设计，对于指导、推动安全生产工作具有全局性的重要意义。2010 年，大连市人民政府制定实施了《大连市安全生产“十二五”规划》，这是大连市第一个安全生产方面的专项规划；2016 年，又制定实施了《大连市安全生产“十三五”规划》。大连市一些区（市）县和先导区也先后制定了本地区的安全生产规划。这些安全生产规划的制定和实施，对于加强安全生产工作，推动大连市安全生产形势持续好转发挥了积极作用。为了进一步强调安全生产规划的法律地位，增强安全生产规划的严肃性和权威性，本条规定市及区（市）县人民政府应当根据国民经济和社会发展规划制定安全生产规划。

（2）制定安全生产规划应当根据国民经济和社会发展规划，明确安全生产的指导思想、基本方针、规划目标、主要任务、重大项目和保障措施等，应当保证安全生产规划既具有针对性、指导性，又具有科学性和可操作性。在此基础上，市及区（市）县人民政府还要负责组织实施安全生产规划，及时分解规划主要目标和工作任务，明确责任单位和责任人，并适时对各地区和各部门实施安全生产规划的情况进行分析评估，加强跟踪和监督检查，保障规划有效实施。

（3）安全生产规划应当与城乡规划相衔接。安全生产规划涉及一些项目的空间布局和安排，需要与城乡规划所确定的城乡发展布局、功能分区、用地布局以及禁止、限制和适宜建设的地域范围相衔接，加强统筹协调、优化空间布局，确保安全生产规划与城乡规划协调一致，防止出现规划之间打架的现象，保证安全生产规划顺利实施。

三、政府派出机构的安全生产监督管理职责

各级人民政府及其所属机构作为行政机关开展安全生产工作必须具有法律依据，为此，《安全生产法》规定了国务院和县级以上人民政府的安全生产工作职责，以及乡（镇）人民政府、街道办事处、开发区管理机构等地方人民政府派出机构的安全生产监督检查职责。目前，大连市为了经济社会发展的需要，在区（市）县行政区划的基础上，设置了金普新区、保税区、高新区、长兴岛经济区和花园口经济区等先导区，相关先导区管理机构作为市人民政府的派出机构具有本管理区域的行政管理职能，但是否具有与区（市）县人民政府相同的安全生产工作领导职能，需要相关立法予以明确。为明确此类派出机构的安全生产工作领导职责，本条第二款专门规定具有行政管理职能的市人民政府派出机构根据授权，做好安全生产监督管理相关工作，使得大连市各先导区管理机构行使安全生产监督管理职责有了法律依据。

第六条　市及区（市）县人民政府安全生产监督管理部门依法对本行政区域的安全生产工作实施综合监督管理，指导协调、监督检查、巡查考核本行政区域内人民政府有关部门和下级人民政府安全生产工作，并对职责范围内生产经营单位的安全生产工作实施监督管理。

市及区（市）县人民政府有关部门，依照相关法律、法规的规定，在各自职责范围内对本行业、领域的安全生产工作实施监督管理。

安全生产监督管理部门和对有关行业、领域的安全生产工作实施监督管理的部门，统称为负有安全生产监督管理职责的部门。

【释义】本条是关于安全生产工作监督管理体制的规定。

科学的安全生产监督管理制度必须有科学的监督管理体制加以保证，必须有高效的监督管理机构付诸实施。为此，《安全生产法》规定了综合监管和行业监管的安全生产监督管理体制，但由于没有明确具体的监管职责，目前仍然存在综合监管和行业监管职责边界不清，“认不清、想不到、管不到”等突出问题。本条根据《中共中央国务院关于推进安全生产领域改革发展的意见》提出的“按照管行业必须管安全、管业务必须管安全、管生产经营必须管安全和谁主管谁负责的原则，理清安全生产综合监管与行业监管的关系，明确各有关部门安全生产和职业健康工作职责，并落实到部门工作职责规定中。”的意见，就大连市安全生产综合监管和行业监管机制做出进一步规定。

一、安全生产工作的综合监督管理

安全生产事关人民群众生命财产安全和社会稳定大局，又涉及各行各业和社会的方方面面，从有利于加强安全生产监督管理的原则考虑，需要有一个综合部门对各个行业领域安全生产工作的监督管理全面负责，行使必要的协调、指导、督促、服务等职能。为此，本条规定市及区（市）县人民政府安全生产监督管理部门依法对本行政区域的安全生产工作实施综合监督管理，指导协调、监督检查、巡查考核本行政区域内人民政府有关部门和下级人民政府安全生产工作。

二、安全生产工作的行业监督管理

安全生产涉及各行各业的生产经营单位，领域十分广泛，各行业、领域的情况和特点有很大差别，导致其安全生产监督管理具有很强的专业性。除各级安全生产监督管理部门外，还必须充分发挥有关部门的专业优势和作用，否则，很难体现专门行业、领域安全生产监督管理的特点，安全生产监督管理的目标很难实现。因此，本条规定市及区（市）县人民政府有关部门，依照相关法律、法规的规定，在各自职责范围内对本行业、领域的安全生产工作实施监督管理。根据现行安全生产法律法规的有关规定以及机构设置和部门职责分工，市及区（市）县人民政府有关部门及其安全生产职责主要有：公安部门，主要负责消防和道路交通安全；工业和信息化部门，主要负责民用爆炸物品生产、销售安全；城乡建设部门，主要负责建筑施工和城市燃气安全；交通运输和港口口岸各部门，主要负责铁路、公路、水运、港航、民航安全；质量监督部门，主要负责特种设备安全；还有气象、卫生、发改等其他行业、领域行政管理部门承担的部门安全职责。此外，按照目前的管理体制，安全生产监督管理部门既负责安全生产综合监督管理，也具体负责危险化学品等部分工矿商贸行业、领域的行业监督管理，因此，本条还规定了市及区（市）县人民政府安全生产监督管理部门对职责范围内生产经营单位的安全生产工作实施行业监督管理。

需要指出的是，安全生产工作的综合监督管理和行业监督管理的关系是分工负责，各司其职，既不能相互取代，又不能各行其是。同时，行业监督管理应当接受综合监督管理的指导和监督。无论是安全生产综合监督管理部门还是行业监督管理部门，都应当本着对党和人民高度负责的精神，各负其责，相互配合、相互协作，共同完成好法律赋予的神圣使命。

第七条　市及区（市）县人民政府及其有关部门应当支持安全生产社会化服务机构参与安全生产活动，推进安全生产社会化服务体系建设。

有关协会组织应当建立健全行业自律管理约束机制，制订并组织实施安全生产行业守则，提高企业安全生产管理水平。

【释义】本条是关于安全生产社会化服务和行业自律的

规定。

一、推动安全生产社会化服务体系建设

安全生产工作具有很强的专业性、技术性。无论是政府有关部门对安全生产进行监督管理，还是生产经营单位有关安全生产保障，都离不开相关技术和管理服务的支持，如对安全条件的评价，对有关设施、设备性能的检验、检测以及安全生产培训、咨询等。为满足政府有关部门和生产经营单位对安全生产技术、管理服务的需要，市及区（市）县人民政府及其有关部门应当制定相关政策措施，推动构建安全生产社会化服务体系，支持服务机构参与安全生产活动。

推动构建安全生产社会化服务体系，应当坚持政策引导、部门推动、市场运作的原则，以安全生产服务需求为导向，以服务生产经营单位安全生产、服务政府安全生产监督检查、服务公众安全教育为主责，以自觉遵守法律法规和加强监督管理为重点，以提升安全生产社会治理能力为目标，坚持专项服务与综合服务相结合，搭建服务平台，壮大服务市场，规范服务行为。鼓励具有综合专业服务能力、业绩突出、信誉良好的技术服务机构组建行业领域龙头企业，建立多功能综合性服务主体，加快培育有影响力的技术服务品牌机构。推动安全生产和职业健康工作融合，实行安全生产和职业健康规划设计、检验检测、咨询论证、评价评估、核查核验等一体化技术服务。充分发挥安全评价机构、保险机构、注册安全工程师事务所等服务机构的作用，为安全生产和职业健康提供技术、管理、保险、人才、培训、科技等社会化服务，建立主体多元、覆盖全面、综合配套、机制灵活、运转高效的新型安全生产社会化服务体系。

二、行业协会及自律作用

行业协会是指介于政府、生产经营单位之间，商品生产者与经营者之间，具有咨询、沟通、监督、公证、协调等功能的社会组织。行业协会属于民法规定的非营利性的社团法人，不属于政府的管理机构系列，在政府和生产经营单位之间起到桥梁和纽带作用。目前，大连市有石油化工行业协会、建筑行业协会、冶金行业协会、烟花爆竹行业协会、道路交通安全协会、机械行业协会、电力行业协会、服装行业协会、建材行业协会、电力行业协会、餐饮行业协会、轻工行业协会、物流协会等数十家行业协会组织。充分发挥协会组织的作用，是转变政府职能，提高安全生产管理水平的必然要求。有关行业协会组织应当组织生产经营单位签订自律公约，建立投诉、举报信息系统，制定行业内部的奖惩制度，建立诚信体系，曝光安全生产违法违规行为，对会员单位实行评级制度等，建立健全行业自律管理约束机制。需要指出的是，发挥行业协会自律作用，关键是通过制定一系列行业守则，加强对成员单位的管理，推动其履行安全生产法定职责，帮助生产经营单位建立健全自我约束、持续改进的内生机制。

第八条　市安全生产监督管理部门应当会同有关部门，推动安全生产相关的地方标准和团体标准的制定。

依法严格实行高危行业安全准入条件和安全生产许可制度。

鼓励生产经营单位借鉴实施国际先进安全技术标准。

【释义】本条是关于安全生产标准和严格安全生产准入许可的规定。

一、安全生产标准

安全生产标准是做好安全生产工作的重要技术规范，是安全生产监督管理的重要依据，在规范生产经营单位的行为、保障安全生产工作中具有十分重要的作用。我国《标准化法》按照制定部门不同，将标准分为国家标准、行业标准、地方标准和企业标准四大类。2015 年 2 月，国务院针对标准化改革，提出了“鼓励学会、协会、商会和产业技术联盟等制定发布满足市场和创新需要的团体标准”的意见，团体标准成为我国标准化改革的一项新成果。据此，目前由政府主导制定的安全生产标准分为三类，分别是国家标准、行业标准和地方标准；由市场自主制定的安全生产标准分为两类，分别是团体标准和企业标准。政府主导制定的安全生产标准侧重于保基本，市场自主制定的安全生产标准侧重于提高竞争力。

所谓安全生产国家标准是指由国务院标准化行政主管部门或者其他有关部门，对需要在全国范围内统一的安全生产技术、管理要求所制定的标准。所谓安全生产行业标准是指由国务院有关部门，对没有国家标准而又需要在全国某个行业范围内统一的安全生产技术、管理要求所制定的标准。所谓安全生产地方标准是指由省、自治区、直辖市标准化行政主管部门，对没有安全生产国家标准和行业标准而又需要在本省、自治区、直辖市范围内统一的安全生产技术、管理要求所制定的标准。所谓安全生产团体标准是指具有法人资格，且具备相应专业技术能力、标准化工作能力和组织管理能力的学会、协会、商会、联合会和产业技术联盟等社会团体，按照团体确立的标准制定程序自主发布，由社会自愿采用的标准。所谓安全生产企业标准是指生产经营单位对需要在本单位范围内统一的安全生产技术、管理要求所制定的标准。从安全生产标准的效力上看，《安全生产法》规定应当遵守的保障安全生产的国家标准和行业标准，属于强制性标准，具有强制力，生产经营单位必须执行，不得置国家标准和行业标准于不顾，任何单位和个人都无权擅自变更、降低这些标准。安全生产地方标准不得低于国家标准和行业标准，在本地区具有强制力，区域内的生产经营单位必须遵守。行业协会等社会团体制定的安全生产团体标准不得低于国家标准、行业标准和地方标准；生产经营单位制定的安全生产企业标准不得低于国家标准、行业标准、所在地的地方标准以及所在学会、协会、商会、联盟制定的团体标准。

二、完善安全生产标准体系

目前，我国安全生产标准已有1500多项，但存在强制性国家标准数量少、标准标龄过长（90%以上的强制性标准超过10年以上）、标准规定尺度不一、关键标准缺失等突出问题。对此，本条根据《中共中央国务院关于推进安全生产领域改革发展的意见》提出的“鼓励依法成立的社会团体和企业制定更加严格规范的安全生产标准，结合国情积极借鉴实施国际先进标准。”和《中共大连市委办公厅大连市人民政府办公厅关于加强安全生产监管执法工作的意见》（大委办发〔2015〕47号）提出的“市安全生产监督管理部门要加强统筹协调，会同有关部门制定实施安全生产相关标准发展规划和年度计划，加快组织制定安全生产相关的地方标准和团体标准。相关部门要参照国际和国内的先进标准，整合制定大连的安全标准体系，以标准推动安全生产工作。鼓励企业采用国际上先进的行业安全技术标准，或者组织专家论证、研究制定高水准的团体标准和企业安全技术标准，从源头提升企业的本质安全水平。”的意见，规定“市安全生产监督管理部门应当会同有关部门，推动安全生产相关的地方标准和团体标准的制定。鼓励生产经营单位借鉴实施国际先进安全技术标准。”有关部门应当通过征集、整理相关生产经营单位和行业协会等团体组织在安全生产标准制定方面的需求信息，统筹提出制定安全生产地方标准、团体标准或者企业标准规划建议，并制定相关政策措施帮助实施。

三、严格安全生产准入

在矿山、危险化学品、建筑施工等高风险行业实施安全生产行政许可制度，是加强安全生产源头监管，防范和遏制事故的重要手段。本条依据《党中央国务院关于推进安全生产领域改革发展的意见》提出的“严格高危行业领域安全准入条件。对与人民群众生命财产安全直接相关的行政许可事项，依法严格管理。”的意见，规定“依法严格实行高危行业安全准入条件和安全生产许可制度。”

1. 依法严格实行高危行业安全准入条件

一是要求大连市各级人民政府及相关部门，坚持安全生产高标准、严要求，招商引资、上项目要严把安全准入关，认真执行安全生产许可制度和产业政策，坚决做到不安全的项目不批，不安全的生产经营单位不建。二是要求不断提高安全准入条件，充分运用法治化和市场化手段以及先进的安全生产标准，淘汰落后产能，推动产业转型升级，提高生产经营单位和社会公共安全保障能力。

2. 依法严格安全生产许可制度

近些年，因为安全生产行政审批把关不严，直接或间接导致事故发生的案例屡见不鲜。例如，天津“8·12”特别重大火灾爆炸事故，有关部门在明知生产经营单位未取得法定审批许可手续，不具备港口危险货物作业条件的情况下，违法审批建设和经营，成为导致事故发生的重要原因。目前，虽然要落实国家关于简政放权的决策部署，对于生产经营单位能够自主决定的、市场机制能够有效调节的安全生产许可项目，一律取消或下放，但人命关天，安全生产行政审批事项绝不能为了减少而减少，为了下放而下放，更不能为了怕担责任而下放、取消。要正确处理好简政放权与加强高危行业领域安全生产监管的关系，依法保留和完善与人民群众生命财产安全直接相关的安全生产许可项目。

第九条　市及区（市）县人民政府及其有关部门应当采取多种形式，加强安全生产法律、法规和安全生产知识的宣传，增强全社会的安全生产意识。

乡（镇）人民政府、街道办事处应当组织开展安全生产应急知识的宣传普及活动。

教育主管部门应当将安全知识纳入有关课程或者课外教育内容。

【释义】本条是关于政府及其有关部门安全生产宣传义务的规定。

一、安全生产法律法规和知识宣传

《安全生产法》规定“各级人民政府及其有关部门应当采取多种形式，加强对有关安全生产的法律、法规和安全生产知识的宣传，增强全社会的安全生产意识。”安全生产意识是人们关于安全生产观念、认识以及心理的总和，包括对有关安全生产法律、法规的了解和对有关安全生产知识的掌握。做好安全生产工作，必须增强全社会的安全生产意识，依靠和发动广大市民积极主动、自觉自愿地参与，营造人人关注安全、关爱生命的社会氛围，强化对安全生产的社会监督，落实群防群治的要求。市及区（市）县人民政府及其有关部门对有关安全生产的法律、法规和安全生产知识掌握得比较全面、透彻，依托政府及其有关部门进行宣传，相对于其他主体来说有更大的优势。因此，应当采取多种形式，加强安全生产法律、法规和安全生产知识的宣传，增强全社会的安全生产意识。这是市及区（市）县人民政府及其有关部门的一项法定义务。

市及区（市）县人民政府对安全生产宣传必须从思想上高度重视，组织上切实保证，财力上大力支持。要根据本地区实际情况，采取多种形式特别是人民群众喜闻乐见、通俗易懂的形式，利用电视、互联网、报纸、广播等多种手段，坚持贴近实际、贴近生活，结合开展“安全生产月”“安全生产万里行”等活动，普及安全生产法律法规和安全生产知识。深入开展安全文化建设，使安全发展理念深入人心，在全社会营造有利于安全生产工作的良好环境和氛围。

二、应急救援知识宣传普及

加强广大市民应急救援意识和技能是避免或者减少生产安全事故等突发事件损害后果的重要举措。乡（镇）人民政府、街道办事处应当有针对性地组织本地区社区居民和小微企业开展安全应急知识的宣传普及活动，通过传授、演练等方式，不断强化科学施救、安全施救意识，切实提高广大居民的避险逃生、自救互救知识和技能水平。

三、学校安全知识教育

学校教育是传授知识的主要渠道，将安全知识纳入有关课程或者课外教育内容，目的是让学生懂得安全生产的有关知识，了解生产安全事故会给国家和人民财产造成巨大损失及人身伤害，认识到事故的具体危害，从而加强防范意识与技能。大连市在“十三五”期间，开展国家安全发展示范城市建设活动所依据的《国家安全发展示范城市考核指标体系》，将学校开设安全知识课程纳入指标体系，要求中小学安全教育开课率≥85%、中小学每年至少举办一次应急避险演练。为此，本条规定教育主管部门应当将安全生产知识纳入有关课程或者课外教育内容。

第二章　生产经营单位的安全生产保障

《生产经营单位的安全生产保障》一章共计10条，主要规定了生产经营单位应当具备的安全生产条件；技术机构和技术人员的安全生产职责；班组长的安全生产职责；从业人员的安全生产义务；安全生产教育培训对象；事故隐患排查治理；采购安全产品和服务责任；危险作业安全管理；外包项目安全监管和安全维护技术；安全承诺公告和风险管控等内容。

第十条　生产经营单位应当具备下列安全生产条件：

（一）生产经营场所和设施、设备符合安全技术标准以及国家、省的相关规定；

（二）落实全员安全生产责任制，健全安全生产规章制度、安全生产操作规程和应急救援预案；

（三）保证安全生产所必需的资金投入；

（四）依法设置安全生产管理机构，或者配备专、兼职安全生产管理人员；

（五）主要负责人和安全生产管理人员具备相应的安全生产知识和管理能力；

（六）配备符合规定的劳动防护用品；

（七）法律、法规以及有关标准规定的其他条件。

【释义】本条是关于生产经营单位应当具备安全生产条件的规定。

生产经营单位要想安全生产，必须具备基本的安全生产条件，这是保障安全生产的前提和基础。从实际情况看，许多事故发生的重要原因是生产经营单位不具备基本的安全生产条件，为追求经济利益，胡干蛮干，甚至见利忘义，要钱不要职工的命。安全生产条件是指生产经营单位的各个系统、各生产经营环境、所有的设备和设施以及相关的管理组织、制度和技术措施等，均能够满足保障安全的需要，在正常情况下不会导致人员伤亡或者财产损失的后果。《安全生产法》作为安全生产领域的综合性、基础性法律，对生产经营单位的安全生产条件做出了原则性规定，明确不具备安全生产条件的单位不得开展生产经营活动。本条在此基础上，依据相关法律法规并结合实际，对生产经营单位应当具备的主要安全生产条件做出了具体列举。

一、生产经营场所和设施、设备安全生产条件

生产经营场所和设施、设备在生产经营活动中属于“环境”和“物”的因素，是安全生产条件最重要的组成部分。实现生产经营单位的本质安全主要指的就是其生产经营场所和设施、设备符合安全生产法律、法规、规章和技术标准的规定。通过建设项目的安全设施与主体工程“三同时”等制度措施，保障建设项目具备有效的安全设施。在作业场所设置相应的监测、监控、通风、防火、防爆、防毒、泄压、防潮、防雷、防泄漏等安全设施；在有较大危险因素的生产经营场所和有关设施设备上，设置明显的安全警示标志；在生产经营装置上配备必要的符合国家标准或者行业标准的安全设备，并按规定维护、保养，保证正常运转。

二、安全生产规章制度和应急预案

生产经营单位应当建立完善的安全生产制度体系，依据相关规定，制定包含本单位所有岗位、所有人员在内的安全生产责任制度、安全培训教育制度、重大危险源管理制度、事故隐患排查治理制度、应急救援预案和演练制度等。各项制度的制定应当注意明确责任人员、责任范围和考核标准。同时，生产经营单位要针对一些危险岗位或者作业制定一系列安全操作规程，从技术上为一线操作人员提供安全操作规范。

三、安全生产资金投入

生产经营单位要具备安全生产条件特别是持续具备安全生产条件，必须有相应的资金投入。针对大连市个别生产经营单位只顾追求经济效益，安全投入不足甚至不投入，“安全欠账”问题较为突出的现状，本条依据《安全生产法》规定生产经营单位的决策机构、主要负责人或者个人经营的投资人保证生产经营单位具备安全生产所必需的资金投入。

四、安全生产管理机构和管理人员

设置安全生产管理机构、配备安全生产管理人员是生产经营单位开展安全生产管理工作的重要前提，在安全生产工作中发挥着不可或缺的重要作用。分析近年来大连市发生的生产安全事故，生产经营单位没有设置相应的安全生产管理机构或者配备必要的安全生产管理人员，是事故多发的重要原因之一。因此，生产经营单位要改变可设可不设、可配备可不配备的错误观念，按照《安全生产法》等法律、法规、规章的强制性规定，严格履行设置安全生产管理机构和配备安全生产管理人员或注册安全工程师这一法定职责。

五、主要负责人和安全生产管理人员安全生产知识和管理能力

生产经营单位主要负责人对本单位的安全生产工作全面负责，安全生产管理人员直接、具体地承担本单位日常的安全生产管理工作。因此，二者在安全生产方面的知识水平和管理能力，直接关系到本单位的安全生产管理工作水平。《安全生产法》针对生产经营单位主要负责人和安全生产管理人员明确规定了各七条的安全生产工作职责，但目前仍有部分生产经营单位领导或者安全生产管理人员不能很好掌握。为此，本条要求生产经营单位主要负责人和安全生产管理人员必须依法经过培训考核合格，具备与本单位生产经营活动相适应的安全生产知识和管理能力。

六、劳动防护用品

劳动防护用品是指生产经营单位为从业人员配备的，使其在劳动过程中免遭或者减轻事故伤害及职业危害的个人防护装备。劳动防护用品分为一般劳动防护用品和特种劳动防护用品两大类。对于配备劳动防护用品，《安全生产法》规定“生产经营单位必须为从业人员提供符合国家标准或者行业标准的劳动防护用品”，因此，配备符合规定的劳动防护用品是生产经营单位必须履行的法定义务，也是生产经营单位必须具备的安全生产条件。

七、法律、法规、规章以及有关标准规定的其他安全生产条件

除了前列的生产经营单位应当具备的安全生产条件外，其他有关法律、法规、规章以及标准还有一些针对性的规定，未在本条列举。随着安全生产法律体系的不断完善，新的安全生产条件规范也会不断出台。对此，本条明确法律、法规、规章以及有关标准规定的其他条件也应当作为生产经营单位必须具备的安全生产条件。

需要说明的是，具备安全生产条件这一要求应当贯穿生产经营的全过程，不仅具备安全生产条件才能开始生产经营活动，而且在整个生产经营活动中都要持续地符合安全生产条件，不具备安全生产条件的生产经营单位不得从事生产经营活动。

第十一条　生产经营单位的技术机构或者技术人员应当履行下列安全生产职责：

（一）组织制定并实施本单位的安全操作规程、安全技术标准，保障产品或者工艺设计符合安全生产要求；

（二）组织制定并实施本单位安全技术措施、整改技术措施，以及应急救援技术措施；

（三）检查本单位生产经营过程中存在的安全技术问题并及时组织处理；

（四）法律、法规等规定的其他安全生产职责。

生产经营单位应当支持技术机构及技术人员开展安全生产科学技术研究，提高单位安全生产技术保障能力。

【释义】本条是关于技术机构和技术人员安全生产职责的规定。

生产经营单位的安全生产离不开技术支持。保障安全生产不仅要靠建立健全有关管理制度，加强监督管理，提高安全生产意识，最大限度地做好“人防”，也要靠加强安全生产技术，把安全生产建立在技术措施的基础上，通过技术和设备，全力做好“技防”和“物防”。这些具体反映在生产经营单位的产品和工艺安全设计、安全操作规程制定以及事故隐患排查治理、安全生产监督检查和应急救援等方面涉及的技术工作，需要生产经营单位技术机构和技术人员负责实施。要改变所有安全生产工作都是安全生产管理机构和管理人员职责的错误认识，明确生产经营单位的安全技术工作应当由技术机构和技术人员承担。为此，本条例依据《中共中央国务院关于安全生产领域改革实施意见》提出的“企业主要技术负责人负有安全生产技术决策和指挥权”的意见，对生产经营单位技术机构和技术人员的安全生产工作职责做出具体规定。

一、组织制定实施安全操作规程、安全技术标准

安全操作规程是为保障作业安全，根据作业性质、机器设备特点和技术要求，结合风险分析制定的安全操作守则，一般包括总则、操作前安全规则、操作时安全规则、操作结束时安全规则四部分。安全技术标准是指重复性的安全技术事项在一定范围内的统一规定，包括基础安全技术标准、产品安全标准、工艺安全标准、安全检测方法标准等。这些以设备、工艺、产品为对象的安全操作规程和安全技术标准，与生产经营单位的技术工作密切联系，应当由技术机构和技术人员负责制定实施。

二、组织制定实施安全技术措施、整改技术措施以及应急救援技术措施

技术措施是指运用工程技术手段在一定时期内为改进生产技术和完善生产管理而制定的方案及其实施办法。安全技术措施是为消除物的不安全因素，实现生产工艺和机械设备等生产条件本质安全而采取的技术措施，例如消除危险源、限制能量或危险物质、隔离、减少故障和失误等技术措施。整改技术措施是指当生产经营单位出现事故隐患，为治理消除事故隐患而采取的技术措施，例如修理、更换、重新设计等故障排除技术措施。应急救援技术措施是指为防止或减轻事故发生后，意外释放的能量对人或物的伤害、损害后果而采取的技术措施，例如预测预警、关闭、隔离、抢救、通信、供水、供电等技术措施。

三、检查生产经营过程中存在的安全技术问题并及时组织处理

生产经营单位主要负责人应当经常组织有关人员对本单位的安全生产状况进行检查，辨识、评价生产经营过程中存在的危险有害因素，并采取控制措施。危险有害因素主要包括人的不安全行为和物的不安全状态，对于与生产经营设施设备、工艺、产品等有关的物的不安全状态就需要技术机构和技术人员运用技术知识、技术标准进行辨识、评价，并提出控制措施。因此，应当明确技术机构和技术人员检查、处理安全技术问题的工作职责。

四、开展安全生产科学技术研究

近十年来，大连市安全生产状况逐年好转，与生产经营单位特别是大型国有企业研究、运用先进的安全生产技术和装备密切相关，而一些先进适用的安全生产技术、设备原创于生产经营单位技术机构和技术人员的研究和总结。在国家、省、市政府部门鼓励、支持的基础上，生产经营单位应当从人力、物力等方面支持本单位的技术机构及技术人员开展安全生产科学技术研究，研究更多、更有效、更实用的安全生产技术装备，提高本单位和整个社会的安全生产技术保障能力。

第十二条　生产经营单位班组长或者现场带班人员应当履行下列安全生产职责：

（一）布置当班安全生产工作，组织检查确认作业场所、设施、设备、工具以及防护用品等符合要求；

（二）巡回检查作业环境、安全设施及生产系统，及时排查并按照规定处理事故隐患；

（三）实施岗位安全标准化作业，模范遵守安全操作规程，纠正和制止不安全行为。

【释义】本条是关于班组长安全生产职责的规定。

班组是生产经营单位安全生产的最基层组织。安全生产法律法规、规程、标准和相关规章制度的贯彻落实，以及先进适用安全技术的推广应用，都要落实到班组、体现在现场。班组长作为最基层组织负责人，对本班组作业现场实施安全生产决策、组织和指挥，是本班组安全生产的第一责任人，明确其安全生产工作职责，对做好基层组织的安全生产工作具有重要意义。本条主要从作业前、作业中和标准化作业三方面规定班组长的安全生产工作职责。

一、班组作业前安全生产职责

结合当日作业工作安排，重点布置、落实安全生产工作事项。明确具体的安全生产作业目标、必须遵守的安全作业规范，告知可能出现的危险有害因素、事故类型、事故后果以及具体的防范、应急措施，检查、确认作业环境、设施、设备、工具、劳动防护用品以及作业人员的身体状况符合安全生产要求。

二、班组作业中安全生产职责

检查班组作业过程中的安全生产状况，督促作业人员严格遵守安全操作规程，及时发现纠正不安全行为。随时检查设施、设备安全状况，重点排查事故隐患。对排查的事故隐患，要采取措施立即排除，不能立即排除的要及时报告，并采取措施防止事故发生。

三、岗位安全标准化作业职责

岗位安全标准化作业是保证班组安全生产活动有效运行的重要手段。2010 年，《国务院关于进一步加强企业安全生产工作的通知》（国发〔2010〕23 号）提出“深入开展以岗位达标、专业达标和企业达标为内容的安全生产标准化建设。”班组长作为安全生产岗位达标的责任人，应当模范遵守安全生产法律法规，带领班组成员学习掌握各项安全操作规程，及时纠正和制止违章操作等不安全行为。

四、其他安全生产工作职责

除了本条规定的安全生产职责外，依据《安全生产法》等法律法规的规定，班组长还有对本班组成员进行安全教育培训，参与重大危险源管理、事故隐患排查治理、事故应急救援演练、配合事故调查处理等职责；在作业现场事故隐患没有排除或不具备安全生产条件时，有权拒绝开工或停止生产；在作业现场遇到重大险情时，有权组织人员撤离现场，避免事态扩大。

第十三条　生产经营单位从业人员应当履行下列安全生产义务：

（一）严格遵守本单位的安全生产规章制度和操作规程，服从管理，正确佩戴和使用劳动防护用品；

（二）接受安全生产教育和培训，掌握本职工作所需要的安全生产知识，具备安全生产技能以及事故预防和应急处理能力；

（三）发现事故隐患或者其他不安全因素立即向现场安全

生产管理人员或者本单位负责人报告；

（四）发生生产安全事故时及时报告，依法采取应急处理措施，紧急撤离时服从现场统一指挥；

（五）配合生产安全事故调查，如实提供有关情况；

（六）法律、法规规定的其他义务。

从业人员可以签署年度安全生产承诺书，承诺知悉并履行本岗位安全生产职责。

【释义】本条是关于从业人员安全生产义务的规定。

从业人员是生产经营活动的直接操作者，既是安全生产保护的对象，又是实现安全生产的责任主体，在安全生产工作中居于核心和关键的地位。从业人员严格履行安全生产义务，是全面落实全员安全生产责任制最重要的一环，关系到生产经营单位的安全生产目标能否最终实现。本条依据《安全生产法》对从业人员基本的安全生产义务做出明确具体的规定。

一、遵守安全生产规章制度、操作规程和服从管理，佩戴防护用品的义务

安全生产规章制度是生产经营单位根据本单位的实际情况，依照国家法律、法规和规章的要求所制定的有关安全生产的具体规范。安全操作规程是生产经营单位为保障安全生产而对各工种、各岗位、各环节的操作规范和具体程序所做的规定，是具体指导从业人员进行安全作业的重要技术准则。从业人员能否严格遵守各项规章制度和操作规程，能否安全、熟练地操作各种设施设备，直接决定能否保障安全生产。因此，从业人员除应严格遵守有关安全生产法律、法规外，还应当严格遵守生产经营单位的安全生产规章制度和操作规程，这是从业人员在安全生产方面的一项法定义务。

从业人员应当服从管理，是指应当服从生产经营单位有关负责人以及安全生产管理人员在安全生产方面正当、合理的管理，对于违章指挥、强令冒险作业，从业人员有权拒绝。

劳动防护用品是生产经营单位为保障从业人员在生产作业过程中的安全和健康而提供给从业人员使用的保护性用品。实践中，因从业人员不正确佩戴和使用劳动防护用品而导致事故伤害的现象普遍存在。因此，从业人员在作业过程中必须按照规则和要求正确佩戴和使用劳动防护用品。

二、接受安全生产教育和培训的义务

生产经营活动的复杂性和多样性决定了安全生产知识、技能的复杂性和多样性。要保障安全生产，从业人员必须具备安全生产知识、技能和事故预防、应急处理能力。而要达到这个目的，就必须接受安全生产教育和培训。依据《安全生产法》的规定，接受安全生产教育和培训既是从业人员的权利，也是从业人员的义务。对于不接受安全生产教育和培训的从业人员，生产经营单位有权拒绝安排其上岗作业。从业人员应当通过安全生产教育和培训，掌握以下知识：有关安全生产法律、法规以及本单位、本岗位的安全生产规章制度和安全操作规程；有关本单位安全生产形势、厂区布局及危险场所位置、有毒有害因素及必须遵守的安全事项；有关劳动防护用品的性能及正确使用方法；有关通用安全技术知识；有关事故预防和应急处理知识等。

三、报告事故隐患和危险因素的义务

从业人员直接承担具体的生产经营作业，更容易发现事故隐患或者其他不安全因素。实践中，有的从业人员对本单位的安全生产以及自己和他人的生命财产安全严重不负责任，麻木不仁，对事故隐患和其他不安全因素熟视无睹；或者心存侥幸，认为不会出问题，对发现的事故隐患和其他不安全因素不及时报告，以致造成严重后果。本条规定，从业人员一旦发现事故隐患或者其他不安全因素，应当立即向现场安全生产管理人员或者本单位负责人报告，不得隐瞒不报或者拖延报告。从业人员立即报告，对生产经营单位及时消除事故隐患和其他不安全因素，采取必要的安全防范措施，具有十分重要的意义，从业人员报告得越早，事故隐患或者其他不安全因素造成危害的可能性就越小。从业人员发现事故隐患或者其他不安全因素后，还应当如实报告，既不能夸大事实，也不能大事化小，以免影响对事故隐患或者其他不安全因素的正确判断和处置。

四、报告事故、应急处理、秩序撤离的义务

发生生产安全事故后，事故现场从业人员应当及时向本单位负责人报告，不得拖延，更不能不报告，以便本单位负责人能及时组织抢救，并向有关部门报告。本条规定"及时报告"是指第一时间毫不迟延地报告，这是事故现场从业人员不可推卸的责任。依法采取应急处理措施是指事故发生后，从业人员按照本单位应急救援预案和其他有关事故处理制度的规定，依职责采取相应的措施，或进行人员抢救或防止事故进一步扩大。事故发生后，为防止事故损害后果扩大，避免二次事故对从业人员造成新的伤害，应当组织现场从业人员紧急撤离。为保证紧急撤离有序、快速进行，从业人员应当服从现场统一指挥，不能只顾自己，妨碍事故救援顺利进行。

五、配合事故调查的义务

从业人员作为岗位操作人员和事故发生的亲历者，对作业场所、设施、设备和工艺过程出现的异常状况，直至导致事故发生的过程，较其他人员有更多、更详细的了解，是事故调查信息的主要来源。因此，从业人员有义务积极配合生产经营单位和政府有关部门对生产安全事故的调查，如实提供有关情况。不能为规避、推脱或者减轻事故责任，提供虚假信息，阻挠和干涉对事故的依法调查处理。

六、安全生产承诺书

为督促从业人员重视安全生产、掌握本岗位的安全生产职责，鼓励从业人员和生产经营单位通过签署年度安全生产承诺书的方式，对自己、对亲人、对单位、对社会做出承诺，保证严格遵守安全生产法律法规、规章制度、操作规程，明确安全生产职责，履行安全生产社会责任。

第十四条　生产经营单位应当对从业人员进行安全生产教育和培训。下列人员未经安全生产教育和培训合格的，生产经营单位不得安排其上岗作业：

（一）新入职、转岗和离岗六个月以上复岗人员；

（二）采用新工艺、新技术、新材料或者使用新设备岗位人员；

（三）劳务派遣、临时用工、实习人员。

其他需要进入作业场所的人员，生产经营单位应当对其进行安全教育。

【释义】本条是关于安全生产教育培训的规定。

从业人员具有在本职工作岗位进行安全操作的知识和能力，是实现其岗位安全生产的基本保障。由于我国尚属发展中国家，从业人员的文化水平整体不高，特别是大量的农民工在危险性较大的矿山、建筑施工、危险物品生产等岗位从事生产经营活动，这些从业人员普遍存在安全意识差，缺乏安全生产知识以及防范和处理事故隐患及紧急情况的能力等问题。近十年来，大连市工矿商贸和建筑施工行业领域发生的一般以上事故，未经过任何安全生产教育和培训的死亡人员，占到总死亡人数的 10% 左右。生产经营单位没有做好对从业人员的安全生产教育和培训，使得从业人员不具备必要的安全生产知识，不掌握安全生产规章制度和本岗位的安全操作规程等，是事故发生的重要原因之一。本条在依据《安全生产法》规定生产经营单位应当对从业人员进行安全生产教育和培训的基础上，还对生产经营单位应当进行安全生产教育和培训的特殊对象做了具体规定。

一、新入职、转岗和离岗六个月以上复岗人员

新入职的从业人员主要指生产经营单位新招聘录用的员工，必须经过厂（公司）、车间、班组三级安全教育模式，在安全生产意识、安全生产知识和安全生产技能等方面进行全面、深入的教育和培训，使其具备与本行业领域、本单位、本岗位相适应的安全生产素养。转岗和离岗六个月以上复岗的从业人员，需要掌握新岗位和重新熟悉原岗位的安全生产规章制度和操作规程，必须经过车间、班组安全教育和培训，并考核合格，方可上岗作业。

二、采用新工艺、新技术、新材料或者使用新设备岗位人员

生产经营单位采用新工艺、新技术、新材料或者使用新设备，对从业人员来说，往往是面临一种陌生的环境和对象，如果仍按照老知识、老方法来应对，就会产生新的危险因素，出现新的事故隐患，就可能引发事故。因此，采用新工艺、新技术、新材料或者使用新设备的生产经营单位，必须针对新工艺、新技术、新材料或者新设备的安全技术特征、安全技术要求，对岗位从业人员进行专门的安全生产教育和培训，保证从业人员了解、掌握其安全技术要求和防护措施，并能在工作中加以正确运用。

三、劳务派遣、临时用工、实习人员

劳务派遣人员是劳务派遣单位与被派遣人员签订劳动合同，并与用工单位签订劳务派遣协议，由被派遣人员向用工单位给付劳务的用工方式。这种用工方式，满足了大连市一些大型用工单位临时性、辅助性或者替代性工作岗位的需要。但从安全生产角度看，一个突出的问题是劳务派遣单位没有能力对被派遣人员进行有效的安全生产教育培训，用工单位又对被派遣人员“另眼相看”，不对其进行安全生产教育和培训，或者不为劳务派遣人员提供必要的劳动保护条件，使得劳务派遣人员成为生产安全事故主要受害者之一。此外，一些生产经营单位聘用一些退休等社会人员作为临时用工，或者接受一些在校学生在岗实习，也存在忽视临时用工和实习人员的安全生产教育和培训问题。部分生产经营单位的上述做法，一方面损害了劳务派遣、临时用工和实习人员的权益，另一方面也直接危及本单位的安全生产。为此，本条明确规定生产经营单位应当履行对劳务派遣、临时用工和实习人员的安全生产教育和培训义务。

四、其他进入作业场所的人员

生产经营单位在生产经营过程中，常常接待一些政府部门工作人员、社会商务人员和学校师生等进入生产经营场所进行监督检查、商务考察或者参观学习。此类人员在作业场所同样面临着安全风险，为防止其不安全行为引发事故或者遭到事故伤害，生产经营单位应当对其他进入作业场所的人员进行相关安全教育，使其掌握安全注意事项和应急避险措施。

第十五条　生产经营单位应当定期组织排查本单位的生产安全事故隐患，并对排查出的事故隐患按照危险等级进行分类管理，制定相应整改方案，逐项治理。

【释义】本条是关于事故隐患排查治理责任的规定。

切实做好事故隐患排查治理工作，努力做到防患于未然，是预防生产安全事故的关键，也是生产经营单位日常安全生产管理工作的核心。对此，《安全生产法》规定“生产经营单位应当建立健全生产安全事故隐患排查治理制度，采取技术、管理措施，及时发现并消除事故隐患。”国家安全生产监督管理总局制定的《生产安全事故隐患排查治理规定》（国家安全监管总局令第 16 号）规定“生产经营单位是事故隐患排查、治理、报告和防控的责任主体，应当建立健全事故隐患排查治理制度。”为进一步强调生产经营单位是本单位事故隐患排查治理责任主体，本条规定生产经营单位应当定期组织排查本单位的生产安全事故隐患，并对排查出的事故隐患按照危险等级进行分类管理，逐项治理。

一、生产安全事故隐患及分级

1. 生产安全事故隐患

生产安全事故隐患是指生产经营单位或从业人员违反安全生产法律、法规、规章、标准、规程或安全生产管理制度的规定，或者因其他因素在生产经营活动中存在可能导致事故发生的人的不安全行为、物的不安全状态、环境场所的不安全因素和管理上的缺陷。

2. 生产安全事故隐患分级

生产安全事故隐患按照其危险性和整改、治理、排除的难度及其影响范围，一般分为一般事故隐患和重大事故隐患。一般事故隐患是指危害和整改难度较小，发现后能够立即整改排除的隐患，为便于组织整改、治理和排除，可以具体分为班组级、车间级、分厂（分公司）级和厂（公司）级；重大事故隐患是指危害和整改难度较大，应当全部或者局部停产停业，并经过一定时间整改治理方能排除的隐患，或者因外部因素影响致使生产经营单位自身难以排除的隐患。

二、生产安全事故隐患排查治理

1. 生产安全事故隐患排查

生产安全事故隐患排查是指生产经营单位组织安全生产管理人员、工程技术人员和其他相关人员对本单位的事故隐患进行辨识，并对辨识出的事故隐患进行安全风险分析，按照危险等级进行登记，建立事故隐患信息档案的活动。生产安全事故隐患排查可以采用专项排查和日常排查两种方式进行，为提高效率也可以与日常安全检查、安全生产标准化自评和职业健康安全管理体系的合规性评价、内审工作相结合。生产安全事故隐患排查应当制定详细可行的事故隐患排查计划，明确排查对象、排查内容、排查标准、排查时间、排查人员等。

2. 生产安全事故隐患治理

生产安全事故隐患治理是指消除或者控制事故隐患的活动或者过程。对于一般事故隐患，由于其危险性和整改难度较小，发现后应当由生产经营单位（车间、班组等）负责人或者有关人员立即组织整改。对于重大事故隐患，应当由生产经营单位主要负责人组织制定并实施重大事故隐患治理方案。重大事故隐患治理方案应当包括：治理的目标和任务、治理的方法和措施、治理的经费和物资、治理的负责机构和人员、治理的时限和要求、治理期间安全措施和应急预案等。

三、生产安全事故隐患排查治理体系

生产安全事故隐患排查治理是一项系统工程，由生产经营单位承担主体责任，主动排查治理本单位的事故隐患，把事故消灭在萌芽状态；由政府及其有关部门推动，制定生产安全事故隐患分级和排查治理标准，对生产经营单位开展分级分类管理；通过开展事故隐患排查治理专项活动，通过生产经营单位与政府有关部门之间的事故隐患排查治理信息系统，完善线上线下配套监管制度，督促生产经营单位及时排查治理、消除重大事故隐患。

第十六条　生产经营单位采购的产品或者服务应当符合安全技术标准。

【释义】本条是采购安全产品和服务的规定。

近十年，我国发生的一系列重特大事故表明，生产经营设施设备的设计、制造、安装等方面的质量缺陷是导致事故发生的重要原因，例如，2011 年 7 月 23 日发生的甬温线动车组列车追尾特别重大事故，造成 40 人死亡、172 人受伤，直接经济损失 19371. 65 万元，调查认定导致事故发生的主要原因是通信信号集成总承包商履行职责不力，致使提供的 LKD2 – T1 型列控中心设备存在严重设计缺陷和重大安全隐患。因此，生产经营单位要实现生产经营设施设备本质安全，满足安全生产的需要，就必须严格控制采购环节，保证所选用购置的产品和服务不存在质量缺陷，符合安全标准要求。生产经营单位选用采购产品和服务，本质上是一种民事行为，原则上可以自主决定，但也必须遵守法律法规相关质量安全的强制性规定。我国《产品质量法》针对产品的制造和销售，规定“可能危及人体健康和人身、财产安全的工业产品，必须符合保障人体健康和人身、财产安全的国家标准、行业标准”，《建筑法》也做出了建筑质量必须符合安全标准的规定。此类法律法规虽然规范的是产品生产者、销售者和服务提供者的安全义务，但为避免生产经营单位所购产品和接受的服务成果在使用中发生事故，生产经营单位有必要在购买产品和服务的招投标活动中，将产品和服务安全作为评标考核要素，依据相关安全标准的规定，要求产品或者服务的供应单位提供相关符合安全标准证明，对所购产品和服务是否符合安全标准进行把关确认，努力保证本单位新购置的设施、设备以及建设项目实现本质安全。《中共大连市委办公厅大连市人民政府办公厅关于加强安全生产监管执法工作的意见》（大委办发〔2015〕47 号）结合大连市危险化学品等高危企业设施设备本质安全的实际需要提出的“把安全体系认证作为工程项目发包、生产物资采购等招投标的优先条件，提升承包方、供应方的安全和质量管理水平。”的意见，也为本条规定提供了依据。

第十七条　生产经营单位进行国家、省规定的危险作业，应当遵守下列规定：

（一）对作业内容进行危险有害因素辨识，严格实施作业前风险分析；

（二）制定作业和应急处置方案，明确安全防范和应急处

置措施；

（三）审批人员现场检查确认安全措施落实情况，审批作业票证；

（四）指定专门人员进行现场统一指挥、管理和监护，并对作业人员、监护人员进行现场安全培训和安全技术交底；

（五）在作业现场采取照明、通风、检测、通信、监测和设立安全警示标志等措施，按规定配发劳动防护用品和应急救援器材；

（六）确保应急疏散通道畅通；

（七）法律、法规或者国家标准、行业标准、地方标准规定的其他现场安全管理要求。

【释义】本条是关于危险作业安全管理的规定。

所谓危险作业是指事故发生可能性大，事故后果严重，应当采取特殊安全管理防范措施的作业。例如有限空间作业、动火作业、爆破作业、吊装作业等。具体的危险作业类别，可由各行业领域安全生产监督管理部门会同有关部门做出规定。根据最新统计，2007—2016 年十年间，大连市在高空作业和起重作业过程中发生的死亡事故起数和死亡人数，占事故总起数和总死亡人数的 40% 左右，高空坠落和起重伤害是大连市最主要的死亡事故类别。而 2014 年修订的《安全生产法》对于危险作业的安全管理仅做出了原则规定，亟须提出具体的规范要求。为此，本条例从作业前风险分析、安全防范和应急措施、现场安全确认和审批、现场安全指挥和培训、作业场所安全措施、应急疏散通道等方面对危险作业安全做出具体规定，以此规范危险作业安全行为。

一、作业前安全风险分析

作业前，首先要明确作业人员、作业程序、作业内容、作业设备、作业要求、作业环境等要素，并以要素为对象，辨识、评价其可能存在的危险有害因素和可能造成的损害后果。

二、作业和应急处置方案

针对安全风险大的危险有害因素，依据安全规范制定完善的危险作业方案，提出安全防范措施，并针对可能发生的事故类别，制定应急处置方案，明确具体的应急处置程序和应急处置措施等。

三、作业审批

目前，危险作业审批已作为一项重要的安全管理制度措施得到比较广泛的应用。本条在强调作业审批的基础上，进一步明确审批人员应当身临现场，核查确认安全措施落实情况，以保证作业票证审批的可靠性。

四、作业现场安全培训、技术交底、指挥、管理和监护

作业前，结合现场实际将作业和应急处置方案涉及的具体要求传达给作业人员，确认作业人员充分了解掌握各项安全防范和应急措施。安排专门人员进行现场指挥、管理和监护，对于保证危险作业的现场安全非常重要。注意专门人员是指具备专业知识、熟悉危险作业有关技术和操作规程，并具有一定管理能力的人员。专门人员负责监督作业人员遵守操作规程、处理现场紧急事件、纠正违规等，确保安全措施落实。

五、作业现场条件和安全防护、救援装备

作业现场条件对危险作业安全起到重要的作用，特别是一些紧急检修维修现场，必须严格按照相关规定做好照明、通风、检测、报警和安全警示等措施后，方可实施作业。大连市在排污疏通作业中发生的一系列多人中毒窒息死亡事故，都与未采取现场措施有关。应当依法为作业人员提供充分、有效的劳动防护用品，以保护作业人员免遭或者减轻事故伤害和职业危害，这里主要指的是专门用于危险作业的特种劳动防护用品，例如，安全带、防毒面罩、护耳器、绝缘服等。应当配备现场应急救援装备，并保证救援装备可靠、有效。

六、应急疏散通道

检查中，常常发现一些危险作业场所，因为设计、使用不当等原因，存在应急疏散通道不符合安全规范或者堵塞现象，严重危及事故救援。危险作业要求作业现场疏散通道畅通，符合应急救援的需要。

第十八条　生产经营单位发包生产经营设施设备维修、维护项目，应当对承包单位的维修、维护活动进行监督，不得发包给不具备安全生产条件或者相应资质的单位或者个人。

鼓励采取预测性维护技术以及其他先进技术对生产经营设施、设备等进行安全维护。

【释义】本条是关于外包项目安全监管和安全维护技术的规定。

一、发包单位对发包项目的安全生产监督管理责任

近几年，大连市发生多起劳务公司或小型企业在承包大型企业设施设备维修、维护项目过程中，因本单位安全管理缺陷导致死亡事故发生的案例。本条在《安全生产法》规定发包单位应当与承包单位签订安全生产管理协议，明确各自安全生产责任的基础上，明确发包单位应当对承包单位的维修、维护活动进行安全监督管理，监督承包单位具备安全生产条件，督促承包单位和人员全面履行安全生产职责和义务。需要强调的是，这是一项法定义务，发包单位不得通过签订安全生产管理协议或者承包合同，免除其对发包项目的安全生产监督管理责任或者将该责任转嫁给承包单位或者个人。

二、发包单位对承包单位或个人的安全生产条件或者资质的审查责任

我国《安全生产法》《建筑法》和《危险化学品安全管理条例》等法律法规，对相关行业领域设置了生产作业许可和特种作业资格制度，要求从事危险化学品、建筑施工等行业生产经营活动的单位和特种作业岗位人员必须取得许可或者资质。大连市及其他城市也发生多起将危险化学品设备维修等项目发包给不具备资质的单位或者个人，违章作业导致事故发生的案例。为落实安全生产许可法律制度，避免生产经营单位设备设施维修维护发包项目发生生产安全事故，本条规定了生产经营单位不得将设施设备维修、维护项目发包给不具备安全生产条件或者相应资质的单位或者个人。

三、鼓励采取先进的安全维护技术

设施设备的本质安全是实现安全生产的根本，为保证正在使用、运行的生产经营设施设备不因出现故障而导致事故后果的发生，有必要对其实施动态的预防性监测维护，特别是在大连市产业占比较大的石油化工行业，更是需要采用先进的监测维护技术，保障其设施设备安全。预测性维护技术利用红外热像仪、振动分析仪等检测设备，通过检测设施设备的温度、压力、流量和震动等运行参数，并将测得的参数与设备标准运行状态参数进行比较，从而判断是否需要进行维护，以及如何有针对性地安排维护工作。目前，大连市一些大型化工企业采用

PDM 预测性维护等先进技术实施安全生产管理取得了显著效果，应当鼓励其他单位借鉴应用。

第十九条　高危行业领域、大中型生产经营单位、重大建设项目、人员密集场所应当每天进行安全风险自查，由主要负责人将自查结果在作业、经营场所进行公告；并应当按照不同行业风险分级方法，排查风险、组织评估防控措施，定期向负有安全生产监督管理职责的部门报告。

【释义】本条是关于安全承诺公告和风险分级管控的规定。

一、安全承诺公告

高危行业领域大中型生产经营单位、重大建设项目建设施工单位和人员密集场所经营管理单位，是安全生产重点单位。为督促此类生产经营单位做好日常安全生产工作，从 2016 年开始，大连市率先在危险化学品等高危企业实行安全承诺公告制度，要求生产经营单位每天对安全风险和事故隐患进行排查，在确保风险措施可靠、隐患动态为零、全员经过培训、特殊作业措施可控、职业危害因素符合国家标准的前提下，由董事长或总经理通过厂区（经营场所）正门的 LED 屏幕、政府门户网站和公共信息平台向社会发布当日安全承诺公告。此项制度的实施对生产经营单位的安全生产管理工作起到了明显的推动作用，具有较好的推广价值。因此，本条例将其上升为地方法律规范，保证在更广的范围内持续推行下去。

二、安全风险分级管控

所谓安全风险分级管控是指全面辨识生产经营单位存在的安全风险，在科学评定安全风险等级的基础上，采取管理、技术措施予以控制，实现风险预控、关口前移，建立把安全风险控制在事故隐患形成之前的安全预防机制。该机制具体包括以下四个方面内容。

1. 安全风险辨识

生产经营单位针对本单位的生产经营活动特点，根据有关安全生产法律、法规、规章、标准和规程，制定安全风险辨识方案，组织专家和全体员工，全方位、全过程地辨识本单位生产工艺、设施设备、作业环境、人员行为和管理体系等方面存在的安全风险，做到系统、全面、无遗漏，并持续更新完善。对辨识出的安全风险进行分类梳理，参照《企业职工伤亡事故分类》（GB 6441—1986），综合考虑起因物、引起事故的诱导性原因、致害物、伤害方式等，确定安全风险类别。

2. 安全风险分级

生产经营单位应当对不同类别的安全风险，采用相应的风险评估方法确定安全风险等级。安全风险评估过程要突出遏制重特大生产安全事故，高度关注暴露人群，聚焦重大危险源、劳动密集场所、高危作业工序和受影响的人群规模。安全风险等级从高到低划分为重大风险、较大风险、一般风险和低风险，分别用红、橙、黄、蓝四种颜色标示。其中重大安全风险应填写清单、汇总造册，按照职责范围报告属地负有安全生产监督管理职责的部门。依据安全风险类别和等级建立生产经营单位安全风险数据库，绘制本单位“红、橙、黄、蓝”四色安全风险空间分布图。

3. 安全风险管控

生产经营单位应当根据风险评估结果，针对安全风险的特点，从组织、制度、技术、应急等方面对安全风险进行有效管控。通过隔离危险源、采取技术手段、实施个体防护、设置监控设施等措施，达到回避、降低和监测安全风险的目的。对安全风险分级、分层、分类、分专业进行管理，逐一落实厂(公司)、车间、班组和岗位的管控责任，尤其要强化对重大危险源和存在重大安全风险的生产经营系统、区域、工序的重点管控。高度关注生产运营状况和危险源变化状况，动态评估、调整安全风险和管控措施，确保安全风险始终处于受控范围内。

4. 安全风险防控可靠性报告

生产经营单位应当通过提交风险防控可靠性报告单的方式，定期向负有安全生产监督管理职责的部门报告本单位安全风险的防控情况。风险防控可靠性报告单应当包含以下内容：生产作业风险和特殊作业风险等安全风险数量、各风险等级、风险防控措施是否可靠、风险防控可靠性确认方式、是由企业组织专业技术人员确认还是经专家确定或经第三方技术机构评估确认。目前，安全风险防控可靠性报告单制度已经在大连市各行业领域的大中型企业全面推行，取得明显成效。

第三章　危险化学品安全

《危险化学品安全》一章共计六条，主要规定了化工园区规划和危化项目进园区；化工园区建设；危险化学品装置安全距离；危险化学品作业场所安全设施和报警连锁系统；危险化学品安全储存；危化企业特殊作业安全管理等内容。

第二十条　市人民政府在编制城乡规划时，应当根据需要规划适当区域建设化工园区或者化工集中区，专门用于危险化学品的生产、储存项目建设。

新设立的危险化学品生产、储存单位，应当在市人民政府规划的化工园区或者化工集中区区域内选址建设。

【释义】本条是关于化工园区规划和危化项目进园区的规定。

一、化工园区规划

化工园区建设是近几十年来国际化学工业发展的主流，也是我国化学工业发展的新模式。2002 年 3 月 15 日施行的《危险化学品安全管理条例》规定“地方人民政府组织编制城乡规划，应当根据本地区的实际情况，按照确保安全的原则，规划适当区域专门用于危险化学品的生产、储存。”大连市依据《危险化学品安全管理条例》等相关法律法规的规定，先后规划建设了大孤山化工园区、松木岛化工园区、长兴岛化工园区和其他化工集中区，为实施化工企业进园区，促进化工产业发展提供了条件。但现实中，由于规划不当，存在个别园区选址不合理等问题，对城市安全产生了影响。为彻底避免此类问题再次发生，本条明确规定由市人民政府规划化工园区和化工集中区。要求市人民政府结合大连市经济社会发展规划、产业结构特点、化工产业资源、自然环境条件、安全生产状况及安全生产规划，在制定化工行业发展规划的基础上，确定专门区域建设化工园区或者化工集中区，并将园区规划纳入市城乡发展规划。

二、新设立危险化学品生产、储存建设项目进园区

虽然大连市规划建设了一系列化工园区和化工集中区，但仍有个别地区政府及有关部门为了本地区的经济利益擅自在化工园区外审批建设危险化学品生产、储存项目，给所在地区带来了新的安全风险。对此，本条明确规定新设立的危险化学品生产、储存单位，应当在市人民政府规划的化工园区或者化工集中区区域内选址建设。以此将所有危险化学品生产、储存项目纳入化工园区一体化安全管理体系之中。需要指出的是，不是所有新设立的危险化学品生产、储存企业都可以进园区，设立园区的当地人民政府应当建立园区内企业准入和退出机制，充分考虑园区产业链的安全性和科学性，有选择地接纳危险化学品企业入园。把符合安全生产标准、园区产业链安全和安全风险容量要求，作为危险化学品企业准入的前置条件，大力支持产业匹配、工艺先进的企业入园建设，严格禁止工艺设备设施落后的项目入园，严格限制本质安全水平低的项目建设。

第二十一条　化工园区或者化工集中区建设应当符合下列要求：

（一）选址与城市建成区、人口密集区、重要设施之间保持足够的安全距离，留有适当的发展空间；

（二）区域内各生产经营单位布局满足安全防护距离的要求，合理布置功能分区；

（三）具备完善的基础、公共配套设施以及安全保障设施，安全保障设施应当与基础、公共配套设施同步规划、同步建设、同步投入使用。

【释义】本条是关于化工园区建设要求的规定。

一、化工园区选址

化工园区或者化工集中区选址应把安全放在首位，使园区规划与城乡发展规划相协调、园区功能与其他功能区相协调；使园区与城市建成区、人口密集区、重要设施、敏感目标之间保持足够的安全及卫生防护距离、留有适当的发展空间，将园区安全与周边公共安全的相互影响降到最小。

二、化工园区内布局

化工园区或者化工集中区内布局要合理，区内各生产经营单位的布局应满足安全防护距离的要求，并综合考虑主导风向、地势高低落差、单位装置之间的相互影响、产品类别、生产工艺、物料互供、公用设施保障、应急救援等因素，合理布置功能分区。科学评估园区安全风险，确定总量控制，降低区域风险，预防连锁事故发生。

三、化工园区安全保障设施

化工园区或者化工集中区基础及配套设施建设应统筹考虑产业发展、安全环保、公用设施、物流输送、维修服务、应急管理等各方面的需求。园区建设以有利于安全为原则，完善水、电、汽、风、污水处理、公用管廊、道路交通、应急救援设施等公用配套和安全保障设施。园区基础设施、公用配套设施和安全保障设施应同步规划、同步设计、同步施工、同步投入使用，实现专业化共建共享。

第二十二条　化工园区或者化工集中区区域外涉及危险化学品的生产装置和储存数量构成重大危险源的危险化学品储存设施，与周边单位的距离应当符合国家的有关规定。

对已有的不符合前款规定的装置、设施，相关部门应当监督相关单位有计划地实施搬迁或者改造；暂时无法实施搬迁或者改造的，应当采取有效的安全保障措施。

市及区（市）县人民政府规划、建设、消防、安监等有关部门实施本行政区域规划和建设项目审批，应当严格执行国家安全距离的规定。

【释义】本条是关于化工园区外危化装置安全距离的规定。

2015 年，天津港“8·12”特别重大火灾爆炸事故，造成 165 人遇难、8 人失踪，798 人受伤，304 幢建筑物、12428 辆商品汽车、7533 个集装箱受损，直接经济损失 68.66 亿元。造成如此巨大事故后果的主要原因之一是该公司的集装箱堆放场地距离相邻企业和住宅小区不足 1000 米，不符合国家安全生产监督管理总局 2001 年颁布实施的《危险化学品经营企业开业条件和技术要求》中“大中型危险化学品仓库应与周围公共建筑物、交通干线（公路、铁路、水路）、工矿企业等距离至少保持 1000 米。”的规定。目前，大连市在化工园区外，也存在台山油库、大连气体厂等不符合安全距离规定的危险化学品生产、储存装置。我国《国民经济和社会发展第十三个五年规划纲要》提出“实施危险化学品和化工企业生产、仓储安全环保搬迁工程”规划任务，国务院办公厅印发的《危险化学品安全综合治理方案》（国办发〔2016〕88 号）也提出“全面启动实施人口密集区危险化学品生产企业搬迁工程”的要求。据此，本条在明确规定“涉及危险化学品的生产装置和储存数量构成重大危险源的危险化学品储存设施，与周边单位的距离应当符合国家的有关规定。”的基础上，对已有的不符合安全距离规定的装置、设施，要求有关部门监督相关单位有计划地实施搬迁或者改造，暂时无法实施搬迁或者改造的，应当采取有效的安全保障措施。同时，为避免新的不符合安全距离的装置、设施出现，本条明确规定：“市及区（市）县人民政府规划、建设、消防、安监等有关部门实施本行政区域规划和建设项目审批，应当严格执行国家安全距离的规定。”这是保障大连市安全规划实施的重要举措，各相关部门应当依法将安全距离等安全指标纳入建设项目审批事项中。

第二十三条　生产、经营、运输、储存、使用以及处置废弃危险化学品等涉及危险化学品的生产经营单位应当按照有关规定在作业场所设置通信、报警装置以及相应的安全设施、设备，并在相关装置上配备报警连锁系统，保证其能够正常使用。

任何单位和个人不得擅自停用通信和报警装置、安全设施设备以及报警连锁系统。

【释义】本条是关于作业场所通信报警装置和报警连锁系统的规定。

一、作业场所通信、报警装置

畅通有效的通信、报警装置和合格的操作人员，可以确保生产、储存、使用和处置危险化学品的场所发生事故时，能迅速地将事故信息传递给有关部门，启动应急预案，实施救援。因此，涉及危险化学品的生产经营单位必须在其作业场所设置通信、报警装置及相应安全设施，并按规定对通信、报警装置进行检验、维修，保证在任何情况下处于正常适用状态；相关人员特别是现场作业人员必须熟练掌握通信、报警装置使用程序和方法，并能正确描述故障或者事故等情况。

二、报警连锁系统

报警连锁系统是对危险化学品的生产、储存工艺过程实施自动监测、控制的安全装置，当工艺过程的温度、压力或者流量等工艺变量超限或者运行状态发生异常情况时，报警系统发出灯光及音响信号，提醒操作人员注意，督促采取措施改变工况，使工艺过程恢复到正常状态；连锁系统发出连锁信号控制工艺设备系统中的泵、压缩机或者阀门，实现紧急操作、自动投入备用系统或者紧急停车、紧急切断。报警连锁系统的设计目的是及时识别工艺过程的危险有害因素，判断危险有害因素的性质，在人员和设备损害后果发生前消除危险，或者采取措施防止事故进一步扩大。依据我国有关安全生产法律、法规、规章和标准的规定，化工生产储存装置应当装备自动化控制系统，涉及易燃易爆、有毒有害气体的生产储存装置必须装备易燃易爆、有毒有害气体泄漏报警系统，涉及重点监管的危险化工工艺企业、重点监管危险化学品生产储存装置或危险化学品重大危险源（简称“两重点一重大”）的生产储存装置应当装备安全连锁系统。

三、不得擅自停用通信和报警装置、安全设施设备以及报警连锁系统

通信、报警装置和报警连锁系统作为危险化学品生产、储存过程自动监测和生产安全运行保障、事故应急救援的重要措施已在大连市涉及危险化学品的生产经营单位得到比较广泛的应用。但在监督检查中，经常发现一些单位未按规定设置通信、报警装置和报警连锁系统，或者设置的通信、报警装置和报警连锁系统不能正常使用，甚至有个别单位和操作人员擅自关闭报警连锁系统，严重影响了事故预警预报和应急救援。为充分发挥通信和报警装置、安全设施设备以及报警连锁系统的安全保障作用，本条在规定“涉及危险化学品的生产经营单位应当按照有关规定在作业场所设置通信、报警装置以及相应的安全设施、设备，并在相关装置上配备报警连锁系统，保证其能够正常使用。”的同时，参照原《化工（危险化学品）企业保障生产安全十条规定》（国家安监总局第 64 号令）中“严禁设备设施带病运行和未经审批停用报警连锁系统”的规定，做出“任何单位和个人不得擅自停用通信和报警装置、安全设施设备以及报警连锁系统。”的规定。

第二十四条　涉及危险化学品的生产经营单位应当按照危险化学品的危险特性，将化学性质相抵触、灭火方法不同的化学物料分离储存，并制定相应的应急处置方案，配备应急救援物资以及必要的专用灭火剂。

危险化学品的生产、储存单位应当随时完整记录危险化学品储存的种类、数量、位置等数据，并按照相关规定进行数据备份，保障数据安全。

【释义】本条是关于危险化学品安全储存的规定。

大连市的危险化学品储存种类多、规模大，是国家危险化学品安全重点管理区域。《中共大连市委办公厅大连市人民政府办公厅关于加强安全生产监管执法工作的意见》（大委办发〔2015〕47 号），针对危险化学品储存安全问题，提出了“各相关单位要对危险化学品按其易燃、易爆、有毒、有害特性，实施不同的应急处置办法，并且按贮存要求，采用隔离、隔开、分离储存方式，单一品种存放要有量的控制，多品种存放要有总量控制。制定化学性质相抵触、灭火方法不同的化学物料分离储存规定，要从物品特性、灭火方法及应急处置方式等方面，确定分区、分类、分库储存和安全距离的标准。对于具有特殊性质的危险化学品，应当根据其特性储备专用灭火剂。”的意见，起到了很好的规范作用。在此基础上，借鉴天津港“8·12”特别重大火灾爆炸事故，超负荷经营、超量存储硝酸铵等多种危险化学品，违规将化学性质相抵触的、灭火方法不同的禁忌化学物料与其他危险化学品混合存储，和现场数千个集装箱储存的危险化学品品名、数量、位置等数据没有异地备份影响事故救援的教训，本条就危险化学品分离储存、应急措施以及储存数据备份做出规定。

一、危险化学品安全储存

对于危险化学品安全储存，国家已制定了一系列标准，例如，《常用危险化学品贮存通则》（GB 15603—1995）规定了隔离贮存、隔开贮存和分离贮存三种常用危险化学品的储存方式，其中分离贮存是指在不同的建筑物或者远离所有建筑的外部区域内的贮存方式；还规定了根据危险品性能分区、分类、分库贮存，各类危险品不得与化学性质相抵触或灭火方法不同的禁忌化学物料混合贮存等内容。这些标准都是实施危险化学品分离储存、制定相应应急对策措施的重要依据。本条依据

《常用危险化学品贮存通则》（GB 15603—1995）上述规范，采纳《中共大连市委办公厅大连市人民政府办公厅关于加强安全生产监管执法工作的意见》（大委办发〔2015〕47 号）的意见精神，规定："涉及危险化学品的生产经营单位应当按照危险化学品的危险特性，将化学性质相抵触、灭火方法不同的化学物料分离储存，并制定相应的应急处置方案，配备应急救援物资以及必要的专用灭火剂。"

二、危险化学品储存数据安全

本条关于危险化学品储存数据的规定，一方面要求严格按照《危险化学品安全管理条例》"储存危险化学品的单位应当建立危险化学品出入库核查、登记制度。对剧毒化学品以及储存数量构成重大危险源的其他危险化学品，储存单位应当将其储存数量、储存地点以及管理人员的情况，报所在地县级安监部门（在港区内储存的，报港口部门）和公安机关备案。"的规定，完整记录相关数据、报有关部门备案。另一方面要求对储存数据进行备份，采取异地（处）安全保管等方式，防止危险化学品储存场所发生事故导致储存数据灭失，影响事故救援处理。

第二十五条　涉及危险化学品的生产经营单位进行动火、动土、吊装、临时用电、进入受限空间、检维修、盲板抽堵等作业，应当遵守有关规定，并不得委托不具备相应资质的单位和人员进行相关作业。

鼓励涉及危险化学品的生产经营单位对动火作业实施第三方监督。

【释义】本条是关于化工企业特殊作业安全的规定。

化工企业动火、动土、吊装、临时用电、进入受限空间、检维修、盲板抽堵等作业均具有很大的安全风险。国家安全生产监督管理部门在总结近几年造成危险化学品生产安全事故主要原因的基础上，曾经制定了《化工（危险化学品）企业保障生产安全十条规定》（国家安监总局第 64 号令）、《油气罐区防火防爆十条规定》（国家安监总局第 84 号令）和《化学品生产单位特殊作业安全规程》（GB 30871—2014）等规范性文件和规程，针对此类特殊作业的安全问题做出了具体规定，例如严禁培训不合格人员和无相关资质承包商进入油气罐区动火；要求动火作业前要分析检测油气罐区动火点周围可燃气体含量，进入受限空间作业前要对储罐内可燃、有毒气体和氧含量进行分析；要求严格此类作业的安全管理，审查作业过程中风险是否分析全面，确认作业条件是否具备、安全措施是否足够并落实，相关人员是否按要求现场确认、签字。同时，必须加强作业过程监督，作业过程中必须有监护人进行现场监护。鉴于大连市涉及危险化学品的生产经营单位此类特殊作业的安全风险很高，以及发生过非法分包的承包商作业人员在中石油大连石化公司三苯罐区一储罐罐顶违章进行气割动火作业，切割火焰引燃泄漏甲苯等易燃易爆气体，回火至罐内引起储罐爆炸的典型事故，本条在规定涉及危险化学品的生产经营单位特殊作业应当遵守有关规定的基础上，进一步规定不得委托不具备相应资质的单位和人员进行相关作业。此外，为强化动火作业现场监护，本条第二款借鉴大连市地铁建设过程中，引进安全监理公司实施施工过程第三方监督管理的经验，规定：“鼓励涉及危险化学品的生产经营单位对动火作业实施第三方监督。”

第四章　安全生产的监督管理

《安全生产的监督管理》一章共计七条，主要规定了安全生产监督管理范围和检查计划；分类分级监督管理；重大事故隐患违法行为追责；委托机构专家提供安全服务；建设项目竣工验收监督核查；大型活动专项安全措施和安全生产诚信管理等内容。

第二十六条　负有安全生产监督管理职责的部门应当根据各自职责权限，确定本部门具体的安全生产监督管理范围和监督管理对象，制定或者会同相关部门制定监督检查计划，进行安全生产监督检查。

【释义】 本条是关于安全监管范围和检查计划的规定。

一、确定监管范围和监管对象

多数生产经营单位的安全生产涉及建筑、消防、交通、危化等监督管理部门，常常出现多个部门多次重复监督检查，或者互相推诿没有部门实施监督检查的情况。例如，天津港“8·12”特别重大火灾爆炸事故就暴露出交通运输、安监、海关等多个部门安全监管的漏洞。本条提出负有安全生产监督管理职责的部门应当在职责范围内确定具体的安全生产管理范围和监督管理对象。一是要通过建立部门权力清单和责任清单，厘清监管边界，进一步明确各部门的安全生产管理范围和监督对象，全面落实“管行业必须管安全、管业务必须管安全、管生产经营必须管安全”和“谁主管、谁审批”的原则；二是要建立网络化监督管理体系，梳理、明确各生产经营单位具体的综合监管和行业监管部门，既要避免部门重复监管，又要消除监管责任空白；既要体现重点监管，又要做到监管全覆盖。同时，要充分发挥安全生产联席会议作用，建立更加有力的协调联动机制，协调解决安全监管工作的重大问题，确保各部门相互配合、相互支持、形成合力。

二、**制定监督检查计划**

安全生产监督检查计划是科学合理安排安全生产监督检查的重要依据，也是安全生产监督检查得到切实落实的重要保障。负有安全生产监督管理职责的部门均应当制定安全生产监督检查计划，以推动本部门的安全生产监督管理工作。监督检查计划应当按照统筹兼顾、突出重点、提高效能的原则，遵照有关法律、法规和规章的规定，根据监管权限、监管人员数量、监管的生产经营单位状况、技术装备和经费保障等实际情况制定。监督检查计划应当包括监督检查的对象、次数、时间、事项等内容。上下级部门之间编制的监督检查计划应当相互衔接，避免在监管对象、内容和时间上重复或者脱节，造成监督检查的空白地带，或者给生产经营单位带来过重的负担。同时，监管部门应当严格按照监督检查计划，对生产经营单位的安全生产实施监督检查。监督检查计划也是考核负有安全生产监督管理职责的部门履行监督管理职责的重要依据。

第二十七条　负有安全生产监督管理职责的部门对生产经营单位进行安全风险等级分类管理，并对评定为风险等级高的

生产经营单位加大监督检查频次。

【释义】本条是关于分类分级监督管理的规定。

分类分级管理是现代社会政府监管精细化、科学化的要求，体现了社会管理的客观规律，是一种先进的管理方式。对于安全生产来说，分类分级管理具有更重要的意义，因为安全生产监督管理涉及的面很广，不同行业、领域的生产经营单位，其生产经营活动的性质和危险程度、安全生产条件、管理水平等存在很大差别，而安全生产监管部门人力、物力、精力都有限，如果监督管理搞"一刀切"和"平均用力"，不可能取得好的效果。要增强安全生产监管的针对性和实效性，把握工作的主动权，就必须突出重点、兼顾一般，实行安全风险等级分类和差别化监督管理。

一、安全风险等级分类

安全风险等级分类是指在安全生产标准化建设和构建风险管控和隐患排查治理双重预防机制的基础上，综合考虑生产经营单位所属行业、领域的性质、危险程度、规模大小、安全生产基础条件、安全生产管理水平、遵守安全生产法的状况、以往安全生产纪录等因素，对生产经营单位进行安全风险等级分类。具体等级分类标准由各负有安全生产监督管理职责的部门根据相关法律法规，结合本行业、领域的实际予以确定。

二、差别化监督管理

差别化监督管理是指按照分级管理、分级负责的原则，对不同安全风险等级的生产经营单位，在监督检查频次、力度、内容、监管方式等方面有针对性地加以区别的监督管理方式。对安全风险等级高的生产经营单位作为重点监督管理对象，由层级高的监管部门负责，加强监督检查，加大监督检查频次。

例如，大连市地铁建设指挥部制定的《关于大连地铁安全差别化管理工作实施办法》，将土建标段差别化安全管理类别分为正常标段、黄色警示标段和红色警示标段三大类，通过确定不同层级监管机构、采取不同监管措施等方式进行差别化管理，取得了明显成效。

需要注意的是，对生产经营单位进行安全风险等级分类以及实行差别化监管，都要根据实际情况，适时调整生产经营单位的安全风险等级，改变监管方式，体现动态性，并不断追求精细化，保障安全生产监督管理高效性。

第二十八条　负有安全生产监督管理职责的部门对监督管理范围内存在重大事故隐患的生产经营单位进行调查，并对其中违反安全生产管理规定的行为，依法予以处理。

【释义】本条是关于重大事故隐患违法行为追责的规定。

我国《安全生产法》规定了生产安全事故责任追究制度，针对造成人员伤亡和一定经济损失后果的安全生产违法行为做出了依法追究行政责任、刑事责任和民事责任的规定。但对造成重大事故隐患的违法行为追究责任没有做出明确规定。安全生产重在预防，而事故源于隐患，常常源于违法违规行为。对于一些造成重大事故隐患后果的安全生产违法行为，如果不及时予以处理追责，等到事故发生后再追究相关人员的法律责任，将付出巨大的代价。《党中央国务院关于推进安全生产领域改革发展的意见》针对未导致重大事故的严重违法行为追究刑事责任还是空白的问题，提出了“树立隐患就是事故的观念”和“研究修改刑法有关条款，将生产经营过程中极易导致重大生产安全事故的违法行为列入刑法调整范围。”的意见，据此精神，本条例设立了事故隐患责任追究制度，将导致重大事故隐患的安全生产违法行为纳入法律责任追究范围，对违法行为造成的重大事故隐患立案调查，并提出处理意见，以此对违法单位和人员形成震慑，实现关口前移、控制隐患、遏制事故的目的。

第二十九条　负有安全生产监督管理职责的部门在安全生产监管活动中，可以委托安全生产社会化服务机构或者安全生产专家提供有偿服务。安全生产社会化服务机构和安全生产专家应当按照有关法律、法规、规章和标准的规定开展工作。

【释义】本条是关于委托机构专家提供安全服务的规定。

负有安全生产监督管理职责的部门在安全生产监督管理工作中，往往需要委托一些社会服务机构或者专家承担安全评价、安全认证、安全检测和安全检验等工作，参与安全规划编制、安全规范制定等活动，并依据工作成果，对生产经营单位的安全生产进行监督检查、实施审批，或对有关安全生产问题进行决策。设定负有安全生产监督管理职责的部门可以委托安全生产社会化服务机构或者安全生产专家提供有偿服务制度，一方面满足了安全生产监督管理工作技术支撑的需要，另一方面可以将相关经费列入财政预算，为服务经费保障提供依据。

实践中，一些承担安全评价、安全认证、安全检测和安全检验的服务机构或者专家不负责任，随意出具有关证明和报告，有的甚至和委托单位串通，完全按照委托单位的意志行事，甚至故意出具虚假不实的证明和报告。这些行为对生产经营单位的安全生产造成了直接的威胁，严重干扰了政府部门的安全生产监督管理工作。为了强化安全生产服务机构和专家的责任，本条明确规定社会化服务机构和专家应当按照有关法律、法规、规章和标准的规定开展工作。这意味着安全生产服务机构和专家应当保证其做出的工作成果具备客观性、真实性、公正性。出具的证明和报告不具有客观性、真实性、公正性，或者故意出具虚假不实的证明和报告，导致生产安全事故的，应当依法承担法律责任。

第三十条　负有安全生产监督管理职责部门应当加强对非煤矿山、金属冶炼和用于生产、储存、装卸危险物品的建设项目竣工验收的监督核查。

【释义】 本条是关于建设项目竣工验收监督核查的规定。

非煤矿山、金属冶炼和用于生产、储存、装卸危险物品的建设项目，危险因素较多、危险性较大，是事故多发的领域，且一旦发生事故，不仅会给本单位从业人员的生命安全及财产造成损害，还可能殃及周围群众的生命和财产安全。因此，有必要对此类建设项目的竣工验收活动和验收结果进行监督核查。为此，《安全生产法》在规定“生产经营单位新建、改建、扩建工程项目的安全设施，必须与主体工程同时设计、同时施工、同时投入生产和使用。”（简称“三同时”）的同时，还做出了“安全生产监督管理部门应当加强对建设单位验收活动和验收结果的监督核查。”的规定。现实中，由于安全生产监督管理部门主要承担综合监管和工矿商贸领域的行业监管职责，诸如交通运输领域的涉及危险化学品储存、装卸、运输的建设项目，由交通运输或者港口管理部门实施包括“三同时”在内的行业监管，在此情况下，再由安全生产监督管理部门对其他部门负责监管的建设项目进行竣工验收监督核查具有不合理性。为此，本条结合大连市安全生产监督管理工作实际，将建设项目竣工验收监督核查主体扩大至负有安全生产监督管理职责的部门，进一步理顺了相关部门对高危行业领域建设项目竣工验收监督核查职责。

负有安全生产监督管理职责的部门对高危行业领域建设项目竣工验收的监督核查，主要核查建设单位组织的验收是否客观、真实、科学、合理，是否达到安全设施的技术要求，防止建设单位竣工验收“走形式”“走过场”，将安全设施的本质安全落到实处。

第三十一条　举办重要会议或者大型活动期间，负有安全生产监督管理职责的部门根据各自职责，制定专项安全生产管理措施，并组织落实。

【释义】本条是关于大型活动专项安全措施的规定。

大型活动具有规模大、参加人员多、危险系数高、安全问题突出等特点。这类活动中，安全事故时有发生，例如，2014年12月31日晚23时35分许，上海外滩发生拥挤踩踏事故，致36人死亡，49人受伤，伤者多数是学生，事故调查报告认定这是一起对大型活动预防准备不足、现场管理不力、应对处置不当而引发的拥挤踩踏并造成重大伤亡和严重后果的公共安全责任事故。随着各种大型活动日益增多，其安全问题也越来越引起全社会，乃至全世界的关注。为保证大型群众性活动安全举办，国务院于2007年制定了《大型群众性活动安全管理条例》，参照此条例规定，所谓大型活动是指法人或者其他组织举办的每场次预计参加人数达到1000人以上的活动，包括各类会议、体育比赛、演唱会、音乐会、展览、展销、游园、灯会、庙会、花会、焰火晚会以及人才招聘会、现场开奖的彩票销售等活动。举办大型活动时，相关部门应当依据职责主动制订大型活动安全工作方案，严格落实人员控制措施、安全检查措施、交通安全措施、消防安全措施、临时建筑（设施）安全措施、突发事件处置措施和应急救援措施等工作事项。

大连市作为旅游业和展览业比较发达的城市，经常承接举办一些诸如达沃斯会议、国际服装节和国际啤酒节等重要会议和大型活动。期间，需要有针对性地采取一系列专门的安全措施或者建设一些临时安全建筑、设施。为此，本条明确规定负有安全生产监督管理职责的部门根据各自职责，制定专项安全生产管理措施，并组织落实，弥补了重要会议和大型活动期间特殊安全管理措施的责任空白，为保证此类会议活动安全提供了组织保障。

第三十二条　负有安全生产监督管理职责的部门，应当对生产经营单位实行安全生产诚信分类管理，建立激励和惩戒制度，将安全生产违法行为信息纳入信用信息系统，并实现部门间信用信息资源的共享。

对安全生产违法行为情节严重的生产经营单位，有关部门应当按照规定通过信用信息系统向社会公布，在经营、投融资、政府采购、工程招投标、国有土地出让、授予荣誉、进出口、出入境、资质审核等方面予以限制或者禁止。

【释义】本条是关于安全生产诚信管理的规定。

一、建立安全生产诚信体系

党的十八届三中全会决定明确指出“建立健全社会诚信体系，褒扬诚信，惩戒失信。”安全生产事关人民群众生命财产安全，是社会诚信最重要的方面之一。很难想象，一家漠视生命安全的生产经营单位，能够在经济活动中诚信经营、严格守信。推进安全生产诚信体系建设，是督促落实安全生产责任制的重要途径。针对实践中一些生产经营单位特别是大型生产经营单位“不怕罚款怕曝光”的情况，本条规定对生产经营单位实施诚信分类管理，对诚信好的单位予以褒扬，对失信的单位予以惩戒，将生产经营单位的安全生产违法行为纳入统一的信用信息系统，向社会公告并将安全生产违法行为情节严重的信息通报投资、国土、证券等主管部门，由各有关部门根据生产经营单位及有关人员失信行为的严重程度，依法依规对其实施单独或者联合惩戒。

二、安全生产失信单位认定

对于安全生产失信单位的认定标准，本条没有予以明确规定，具体按照国家安全生产监督管理总局关于印发《对安全生产领域失信行为开展联合惩戒的实施办法》（安监总办〔2017〕49 号）的规定，将生产经营单位及其有关人员存在下列失信行为之一的，纳入联合惩戒对象：

（1）发生较大及以上生产安全责任事故，或 1 年内累计发生 3 起及以上造成人员死亡的一般生产安全责任事故的；

（2）未按规定取得安全生产许可，擅自开展生产经营建设活动的；

（3）发现重大生产安全事故隐患，或职业病危害严重超标，不及时整改，仍组织从业人员冒险作业的；

（4）采取隐蔽、欺骗或阻碍等方式逃避、对抗安全监管监察的；

（5）被责令停产停业整顿，仍然从事生产经营建设活动的；

（6）瞒报、谎报、迟报生产安全事故的；

（7）矿山、危险化学品、金属冶炼等高危行业建设项目安全设施未经验收合格即投入生产和使用的；

（8）矿山生产经营单位存在超层越界开采、以探代采行为的；

（9）发生事故后，故意破坏事故现场，伪造有关证据资料，妨碍、对抗事故调查，或主要负责人逃逸的；

（10）安全生产和职业健康技术服务机构出具虚假报告或证明，违规转让或出借资质的。

第五章　生产安全事故应急救援和调查处理

《生产安全事故应急救援和调查处理》一章共计四条，主要规定了政府应急救援预案和应急救援体系；生产经营单位应急救援预案、应急救援体系和救援人员保障；应急救援队伍指挥和社会救援补偿；事故调查向人大报告重特大事故等内容。

第三十三条　市及区（市）县人民政府应当组织有关部门制定本行政区域内生产安全事故应急救援预案，建立应急救援指挥机构，组建应急救援队伍，配备应急救援装备，储备应急救援物资，完善安全生产应急救援体系。

【释义】本条是关于政府应急救援预案和应急救援体系的规定。

生产安全事故具有突发性、紧迫性的特点，如果不事先做好充分的应急准备工作，很难在短时间内组织起有效的抢救，防止事故扩大、减少人员伤亡和财产损失。组织、指挥生产安全事故应急救援，是市及区（市）县人民政府的重要职责，要履行好这一职责，必须未雨绸缪，做好应对可能发生的生产安全事故的各项准备工作。因此，本条依据《安全生产法》

“县级以上地方各级人民政府应当组织有关部门制定本行政区域内生产安全事故应急救援预案，建立应急救援体系。”的规定，明确大连市及各区（市）县人民政府应当组织有关部门制定本行政区域内生产安全事故应急救援预案和建立应急救援体系。

一、政府应急救援预案

应急救援预案是指针对可能发生的事故，为迅速、有序地开展应急行动而预先制定的行动方案。市及区（市）县人民政府组织制定本行政区域的生产安全事故应急救援预案，应当注意以下几点：

（1）应急救援预案应当涵盖本行政区域内的各类生产安全事故，而不是仅仅针对重特大生产安全事故；

（2）应当结合本行政区域内安全生产的实际情况，确定容易发生生产安全事故的地区、行业和单位，分析可能导致事故的类别，有针对性地制定应急救援预案；

（3）应急救援预案确定的救援程序要简单，步骤要明确，保证事故发生时，应急预案能及时启动，并紧张有序地实施；

（4）应急救援预案应当明确政府部门、生产经营单位以及其他有关方面如何分工、配合和协调。

二、政府应急救援体系

应急救援体系是指保证应急救援预案具体落实所需要的组织、人力、物力等各种要素及其调配关系的综合体。应急救援体系应当与应急救援预案相协调。同时，应急救援体系应当是一个统一指挥、分工明确、协调配合，在发生生产安全事故时能迅速启动的体系。本条从应急救援指挥机构、应急救援队伍、应急救援装备和应急救援物资四个方面，为构建完善的应急救援体系提出了具体方向。目前正在实施的《大连市安全生产“十三五”规划》提出各区（市）县人民政府建立覆盖本行政区域的综合应急救援基地，建立应急救援指挥机构，依托公安消防、大型企业、工业园区等建立专业化应急救援队伍，配备应急救援车辆和装备，建立应急救援物资库，建立大型救援装备、物资信息库和紧急调用制度等，为构建完善的应急救援体系提出了具体要求。

第三十四条　生产经营单位应当按照依法规范、科学施救的原则，制定本单位的生产安全事故应急救援预案和年度应急预案演练计划。建立应急救援队伍或者指定应急救援兼职人员，配备必要的应急救援器材、设备和物资并按照应急预案演练计划组织应急演练。

生产经营单位应当为专职应急救援人员购买人身意外伤害险，配备必要的防护装备和器材，减少应急救援人员的人身风险。鼓励生产经营单位为兼职应急救援人员购买人身意外伤害险。

【释义】本条是关于生产经营单位应急救援预案、体系和救援人员保障的规定。

一、生产经营单位应急救援预案

生产经营单位发生生产安全事故后，从事故应急救援来说，事故发生单位处于最直接的地位，应在第一时间迅速组织事故抢救。为保证事故应急救援有序地展开，客观上需要生产经营单位预先制定相应的生产安全事故应急救援预案。另一方面，由于不同的生产经营单位生产安全事故的特点以及应急救援方法不完全相同，政府组织制定的应急救援预案难以完全适用各生产经营单位，也需要生产经营单位有针对性地制定本单位的事故应急救援预案。生产经营单位制定本单位的事故应急救援应当注意两点：一是应当结合本单位的危险源状况、危险性分析情况和可能发生的事故特点，制定相应的事故应急救援综合预案、专项预案和现场预案（现场处置方案）；二是制定的本单位事故应急救援预案应当与当地政府制定的综合性应急救援预案相衔接，确保协调一致，相互配合，一旦启动能顺畅运行，提高事故应急救援的效力。

二、生产经营单位应急救援队伍和人员

根据《安全生产法》的规定，危险物品的生产、经营、储存单位以及矿山、金属冶炼、城市轨道交通运营、建筑施工单位应当建立应急救援组织，其应急救援队伍的规模、人员结构、专业技能要求等，应根据不同单位的实际情况和特点确定。生产规模较小的和其他行业领域的生产经营单位，可以不建立应急救援组织，但应当指定兼职的应急救援人员，兼职应急救援人员应当具有与专业应急救援人员相同的素质和能力。为保证应急救援人员能够适应救援工作的需要，生产经营单位应当对应急救援人员进行必要的培训和演练，使其了解安全生产方针、政策、有关法律法规以及安全救护规程；熟悉本单位安全生产状况；熟悉应急救援的任务和职责，掌握救援行动的方法、技能和注意事项；掌握应急救援器材、设备和物资的性能、使用方法、常见故障处理和维护保养的要求。

三、生产经营单位应急救援器材、设备和物资

必要的应急救援器材、设备和物资，是进行事故应急救援不可缺少的工具和保障。这些器材、设备、物资必须在平时就予以配备，发生事故时才能及时用上。因此，本条要求生产经营单位根据本单位的规模、生产经营活动的性质和特点，以满足应急救援工作实际需要为原则，有针对性、有选择地配备相应数量、种类的应急救援器材、设备和物资。为保证这些器材、设备和物资随时处于正常运转状态，在发生事故时用得上、用得好，还应当对应急救援器材、设备和物资进行经常性的维护、保养。

四、生产经营单位应急救援人员保障

生产安全事故现场抢救是应急救援人员承担的主要工作，涉及控制现场、消除危害和危险源、抢救伤亡人员、保护财产等一系列工作，救援过程往往冒着二次事故伤害的重大风险。生产安全事故应急救援过程中，因二次事故造成应急救援人员伤亡的案例很多。例如，天津港“8・12”特别重大火灾爆炸事故，死亡失踪173人中就包括专业应急救援人员85人。因此，应当为冒着生命危险从事应急救援工作的人员，配备必要的防护装备和器材，减少应急救援人员的人身风险。同时，为保障应急救援人员受到伤害后，能在工伤保险的基础上给予本人或者家属更有效的经济救济，本条根据《突发事件应对法》“国务院有关部门、县级以上地方各级人民政府及其有关部门、有关单位应当为专业应急救援人员购买人身意外伤害保险，配备必要的防护装备和器材，减少应急救援人员的人身风险。”的规定，做出“生产经营单位应当为专职应急救援人员购买人身意外伤害险，配备必要的防护装备和器材，减少应急救援人员的人身风险。鼓励生产经营单位为兼职应急救援人员购买人身意外伤害险。”的规定。

第三十五条　生产安全事故发生后，市及区（市）县人民政府应急救援队伍和具有相关专业知识、技能和装备的企业应急救援队伍、社会救援组织应当接受应急救援指挥机构的统一指挥和安排，迅速参加事故抢险。

企业应急救援队伍、社会救援组织按照应急救援指挥机构统一指挥和安排参加安全事故抢险的，应当依照有关规定予以补偿。

【释义】本条是关于应急救援队伍指挥和社会救援补偿的规定。

一、应急救援队伍参与事故抢救

大连市目前的生产安全事故应急救援队伍主要有政府应急救援队伍、企业应急救援队伍和社会救援组织三大类。生产安全事故的应急救援除了由政府应急救援队伍承担外，往往还需要企业应急救援队伍和社会救援组织予以支持、配合。无论是政府应急救援队伍，还是企业应急救援队伍、社会救援组织都负有支持、配合事故抢救的义务，不得以明哲保身或者旁观者的态度对待事故抢救。另外，事故抢救工作内容多，工作的紧急性和复杂性很强，必须坚持统一指挥的原则，所有参与事故抢救的应急救援队伍都应当服从统一指挥，加强协同联动，不允许各行其是或者推诿扯皮。本条根据《突发事件应对法》"公民、法人和其他组织有义务参与突发事件应对工作"和《安全生产法》"参与事故抢救的部门和单位应当服从统一指挥，加强协同联动。任何单位和个人都应当支持、配合事故抢救，并提供一切便利条件。"的规定，明确生产安全事故发生后，市及区（市）县人民政府应急救援队伍和企业应急救援队伍、社会救援组织应当接受应急救援指挥机构的统一指挥和安排，迅速参加事故抢险。

二、社会救援补偿

企业应急救援队伍和社会救援组织主要是企业和社会组织自筹资金建立运行的，《安全生产法》对此类应急救援队伍参与其他生产经营单位和社会事故抢救过程中产生的费用补偿问题并未做出规定。为支持、鼓励企业应急救援队伍和社会救援组织积极参与事故抢救，本条根据《突发事件应对法》“有关人民政府及其部门为应对突发事件，可以征用单位和个人的财产。被征用的财产在使用完毕或者突发事件应急处置工作结束后，应当及时返还。财产被征用或者征用后毁损、灭失的，应当予以补偿。”的规定，明确企业应急救援队伍、社会救援组织按照应急救援指挥机构统一指挥和安排参加事故抢救的，应当依照有关规定予以补偿。这里所说的有关规定，是指有关民事、行政、社会等法律、法规、规章做出的规定。

第三十六条　生产安全事故发生后，市及区（市）县人民政府应当按照事故等级和管辖权限，依法组织事故调查，也可以依法委托有关部门进行事故调查。

发生重大、特别重大生产安全事故的，市人民政府应当适时向市人大常委会报告。

【释义】本条是关于事故调查和向人大报告重特大事故的规定。

一、事故调查

（1）事故调查的主要目的，一是及时、准确地查清事故原因，二是查明事故性质和责任，三是总结经验教训，为下一步处理事故提供依据。2007 年，国务院制定的《生产安全事故报告和调查处理条例》，对生产安全事故等级和调查处理管辖权限做出了明确规定：特别重大事故由国务院或者国务院授权有关部门组织事故调查组进行调查，重大事故、较大事故、一般事故分别由事故发生地省级人民政府、设区的市级人民政府、县级人民政府负责调查。据此，本条规定市及区（市）县人民政府应当按照事故等级和管辖权限，依法组织事故调查，也可以依法委托有关部门进行事故调查。需要指出的是，市及区（市）县人民政府委托有关部门进行事故调查，必须有法律或者行政法规依据，没有法律和行政法规依据的，不能委托有关部门进行事故调查。

（2）为充分发挥事故调查处理对加强和改进安全生产工作的促进作用，市及区（市）县人民政府在事故调查处理过程中应当采取有效措施落实《党中央国务院关于推进安全生产领域改革发展的意见》提出的“健全典型事故提级调查、跨地区协同调查和工作督导机制。建立事故调查分析技术支撑体系，所有事故调查报告要设立技术和管理问题专篇。建立事故暴露问题整改督办制度，事故结案一年内，负责事故调查的地方政府要组织开展评估，及时向社会公开，对履职不力、整改措施不落实的，依法依规严肃追究有关单位和人员责任。”的意见，完善事故调查工作机制。

二、向市人常委会大报告重特大事故

《党中央国务院关于推进安全生产领域改革发展的意见》提出了“制定安全生产地方法规，发挥人大对安全生产工作的监督促进作用”和“各级人大要定期检查安全生产法律法规实施情况，开展专题询问”的意见，明确了大连市人民代表大会的主要安全生产工作职责，一是结合大连市安全生产状况和工作需要，制定安全生产地方法规和有关规范性文件，二是要监督各级人民政府及其有关部门和有关生产经营单位执行、落实安全生产法律法规。市人大常委会听取市人民政府关于重特大生产安全事故的调查处理报告，可以全面、具体了解大连市现实存在的安全生产主要问题、问题产生的原因以及事故处理情况，依其职责及时启动对相关责任人员的考核、任免，或者修改、补充制定相关安全生产地方法规和规范性文件，代表全市人民对大连市的安全生产工作实施监督。

第六章 法 律 责 任

《法律责任》一章共计五条，主要规定了未正常使用报警连锁系统的法律责任；违法发包维修、维护项目的法律责任；行政处罚决定权；部门工作人员的法律责任和尽职免责制度；其他法律法规罚则适用等内容。

第三十七条　生产经营单位违反本条例规定配备的报警连锁系统未处于正常使用状态或者擅自停用该报警连锁系统的，责令限期改正，可以处五万元以下的罚款；逾期未改正的，处五万元以上二十万元以下的罚款，对其直接负责的主管人员和其他直接责任人员处一万元以上二万元以下的罚款；情节严重的，责令停产停业整顿。

【释义】本条是关于未正常使用报警连锁系统法律责任的规定。

一、承担法律责任的主体

本条规定的法律责任的承担主体是生产经营单位及其对违法行为直接负责的主管人员和其他直接责任人员。

二、承担法律责任的违法行为

本条规定的违法行为，一是因为维护或者维修不到位等原因造成报警连锁系统未处于正常使用状态；二是故意或者过失关闭、停用报警连锁系统。注意本罚则针对的是报警连锁系统是否在正常使用，无论是否造成危险出现或者事故发生，只要报警连锁系统未处于正常使用状态，均需要承担法律责任。

三、责任形式

本条规定的法律责任形式是行政责任。首先是责令限期改正，能立即恢复报警连锁系统正常使用的，要求立即恢复；不能立即恢复的，应当规定一定期限，要求在规定期限内恢复。其次是罚款，在责令限期改正的同时，可以按照违法行为的性质，对生产经营单位处五万以下罚款；逾期未改正的，本条采取双罚制的罚款方式，一是对生产经营单位处五万以上二十万以下的罚款，二是对直接负责的主管人员和其他直接责任人员处一万元以上二万元以下的罚款。采取双罚制的罚款方式主要是考虑生产经营单位拒绝恢复报警连锁系统正常使用的行为，很大程度上是受其主管人员决定的影响，同时，相关直接责任人员的行为违反法律规定，二者都负有不可推卸的责任，理应受到处罚。第三责令停产停业整顿，当报警连锁系统未处于正常使用状态或者擅自停用该报警连锁系统，造成生产过程可能随时发生事故时，应当责令停产停业整顿。

第三十八条　生产经营单位违反本条例规定将生产经营设施设备维修、维护项目发包给不具备安全生产条件或者相应资质的单位或者个人的，责令限期改正，可以处十万元以上二十万元以下的罚款，对其直接负责的主管人员和其他直接责任人员可以处一万元以上二万元以下的罚款。

【释义】本条是关于违法发包维修维护项目法律责任的规定。

一、承担法律责任的主体

本条规定的法律责任的承担主体是对外发包的生产经营单位及其对违法发包直接负责的主管人员和其他直接责任人员。

二、承担法律责任的违法行为

本条规定的违法行为，一是将本单位的生产经营设施设备维修、维护项目发包给不具备安全生产条件的单位或者个人。所谓安全生产条件指的是有关安全生产法律、法规、规章、标准和本条例第十条规定的生产经营单位应当具备的安全生产条件。二是将本单位的生产经营设施设备维修、维护项目发包给不具备相应资质的单位或者个人。所谓相应资质指的是国家有关部门授予承包单位的设计、施工等方面的资质，以及授予个人的特种作业资格。注意本条罚则针对违法发包行为，无论是否造成危险出现或者事故发生，只要存在违法发包行为，均需要承担法律责任。

三、责任形式

本条规定的法律责任形式也是行政责任。一是责令限期改正，二是采取双罚制的罚款方式，对生产经营单位处十万元以上二十万元以下的罚款，对其直接负责的主管人员和其他直接责任人员可以处一万元以上二万元以下的罚款。

第三十九条　本条例规定的行政处罚，由安全生产监督管理部门和其他负有安全生产监督管理职责的部门按照职责分工决定。

【释义】本条是行政处罚决定权的规定。

各行业领域的生产经营单位的安全生产违法行为的性质、原因、影响后果等有所不同，事实认定的依据、程序也各不相同，需要各行业领域的安全生产监督管理部门和政府有关部门依据职责分别予以调查处理。因此，本条规定本条例规定的行政处罚，由安全生产监督管理部门和其他负有安全生产监督管理职责的部门按照职责分工决定。如此，可以充分发挥安全生产监督管理部门和其他负有安全生产监督管理职责的部门的监督管理作用，避免部门之间为行政处罚的决定权相互争执、扯皮，给执法工作造成困扰，甚至影响法律的权威性、严肃性以及影响执法部门的形象。

第四十条　市及区（市）县人民政府应当根据本行政区域内的安全生产状况和部门职责制定有关部门安全生产权力和责任清单，尽职照单免责。

负有安全生产监督管理职责的部门的工作人员不履行本条例规定的职责，或者有其他滥用职权、玩忽职守、徇私舞弊行为的，依法给予处分。

【释义】本条是关于部门工作人员法律责任和尽职免责的规定。

近年来，安全生产问责让执法人员倍感压力，由于权责不清，有时甚至让安监人员无所适从。党的十八届三中全会提出，推行地方各级政府及其工作部门权力清单制度，依法公开权力运行流程。四中全会再次提出，依法全面履行政府职能，推进机构、职能、权限、程序、责任法定化，推行权力清单制度。建立安全生产权力清单制度，有利于提高安全生产监督责任体系的严密性，使得监管有依据，问责有出处。为鼓励、支持市及区（市）县人民政府及其有关部门积极履行安全生产监督管理职责，减轻负有安全生产监督管理部门和工作人员的行政风险，在制定、完善各部门、岗位安全生产权利和责任清单的基础上，严格规范其安全生产监督管理行为，并以清单为依据，核查是否应当对安全生产违法行为和事故后果承担责任。严格按照权利和责任清单实施安全生产监督管理、履行相关义务的，应当依法免除其安全生产监督管理的行政责任。但负有安全生产监督管理职责的部门的工作人员超出权力清单滥用职权的，未按责任清单履行相关义务、玩忽职守、徇私舞弊的，或者不履行本条例规定的职责的，应当依法给予处分。

第四十一条　违反本条例规定的行为，法律、法规已有处罚规定的，按照其规定予以处罚。

【释义】本条是关于其他法律法规罚则适用的规定。

对于违反本条例规定的其他违法行为，例如违反危险作业安全管理规定等行为，由于《安全生产法》等法律法规已有具体、明确的处罚规定，依据上位法效力高于下位法的原则，负有安全生产监督管理职责的部门应当直接适用其他法律法规规定予以处罚，本条例不再重复规定。

第七章 附 则

《附则》一章共计一条，规定了本条例施行生效日期。

第四十二条 本条例自 2017 年 7 月 1 日起施行。

【释义】本条是关于本条例施行日期的规定。

施行日期的规定是法律、法规、规章的重要组成部分，是其产生社会规范功能时间的起点。任何法律、法规或者规章都需要明确规定其产生法律效力的具体施行时间。具体施行时间规定有两种：第一种是规定自公布之日起施行；第二种是规定公布后经过一定的时间才施行。本条例施行时间的规定属于第二种，本条例于 2017 年 4 月 25 日由大连市第十五届人民代表大会常务委员会第三十三次会议通过，于 2017 年 5 月 25 日由辽宁省第十二届人民代表大会常务委员会第三十四次会议通过，规定于 2017 年 7 月 1 日施行。这种施行时间的规定，好处是可以对条例进行充分宣传，使大家都了解条例的内容。同时，可以为条例的施行做好相应准备工作，包括思想、组织、制度、物质等方面的准备，以保证条例更好地实施。需要指出的是，本条例自 2017 年 7 月 1 日起生效，对相关主体过去的行为不具有溯及力。

附录一　中华人民共和国安全生产法

（2002年6月29日第九届全国人民代表大会常务委员会第二十八次会议通过　根据2009年8月27日第十一届全国人民代表大会常务委员会第十次会议《关于修改部分法律的决定》第一次修正　根据2014年8月31日第十二届全国人民代表大会常务委员会第十次会议《关于修改〈中华人民共和国安全生产法〉的决定》第二次修正）

目　　录

第一章　总则
第二章　生产经营单位的安全生产保障
第三章　从业人员的安全生产权利义务
第四章　安全生产的监督管理
第五章　生产安全事故的应急救援与调查处理
第六章　法律责任
第七章　附则

第一章　总　　则

第一条　为了加强安全生产工作，防止和减少生产安全事故，保障人民群众生命和财产安全，促进经济社会持续健康发展，制定本法。

第二条　在中华人民共和国领域内从事生产经营活动的单位（以下统称生产经营单位）的安全生产，适用本法；有关法律、行政法规对消防安全和道路交通安全、铁路交通安全、水上交通安全、民用航空安全以及核与辐射安全、特种设备安全另有规定的，适用其规定。

第三条　安全生产工作应当以人为本，坚持安全发展，坚持安全第一、预防为主、综合治理的方针，强化和落实生产经营单位的主体责任，建立生产经营单位负责、职工参与、政府监管、行业自律和社会监督的机制。

第四条　生产经营单位必须遵守本法和其他有关安全生产的法律、法规，加强安全生产管理，建立、健全安全生产责任制和安全生产规章制度，改善安全生产条件，推进安全生产标准化建设，提高安全生产水平，确保安全生产。

第五条　生产经营单位的主要负责人对本单位的安全生产工作全面负责。

第六条　生产经营单位的从业人员有依法获得安全生产保障的权利，并应当依法履行安全生产方面的义务。

第七条　工会依法对安全生产工作进行监督。

生产经营单位的工会依法组织职工参加本单位安全生产工作的民主管理和民主监督，维护职工在安全生产方面的合法权益。生产经营单位制定或者修改有关安全生产的规章制度，应当听取工会的意见。

第八条 国务院和县级以上地方各级人民政府应当根据国民经济和社会发展规划制定安全生产规划，并组织实施。安全生产规划应当与城乡规划相衔接。

国务院和县级以上地方各级人民政府应当加强对安全生产工作的领导，支持、督促各有关部门依法履行安全生产监督管理职责，建立健全安全生产工作协调机制，及时协调、解决安全生产监督管理中存在的重大问题。

乡、镇人民政府以及街道办事处、开发区管理机构等地方人民政府的派出机关应当按照职责，加强对本行政区域内生产经营单位安全生产状况的监督检查，协助上级人民政府有关部门依法履行安全生产监督管理职责。

第九条 国务院安全生产监督管理部门依照本法，对全国安全生产工作实施综合监督管理；县级以上地方各级人民政府安全生产监督管理部门依照本法，对本行政区域内安全生产工作实施综合监督管理。

国务院有关部门依照本法和其他有关法律、行政法规的规定，在各自的职责范围内对有关行业、领域的安全生产工作实施监督管理；县级以上地方各级人民政府有关部门依照本法和其他有关法律、法规的规定，在各自的职责范围内对有关行业、领域的安全生产工作实施监督管理。

安全生产监督管理部门和对有关行业、领域的安全生产工作实施监督管理的部门，统称负有安全生产监督管理职责的部门。

第十条 国务院有关部门应当按照保障安全生产的要求，

依法及时制定有关的国家标准或者行业标准，并根据科技进步和经济发展适时修订。

生产经营单位必须执行依法制定的保障安全生产的国家标准或者行业标准。

第十一条 各级人民政府及其有关部门应当采取多种形式，加强对有关安全生产的法律、法规和安全生产知识的宣传，增强全社会的安全生产意识。

第十二条 有关协会组织依照法律、行政法规和章程，为生产经营单位提供安全生产方面的信息、培训等服务，发挥自律作用，促进生产经营单位加强安全生产管理。

第十三条 依法设立的为安全生产提供技术、管理服务的机构，依照法律、行政法规和执业准则，接受生产经营单位的委托为其安全生产工作提供技术、管理服务。

生产经营单位委托前款规定的机构提供安全生产技术、管理服务的，保证安全生产的责任仍由本单位负责。

第十四条 国家实行生产安全事故责任追究制度，依照本法和有关法律、法规的规定，追究生产安全事故责任人员的法律责任。

第十五条 国家鼓励和支持安全生产科学技术研究和安全生产先进技术的推广应用，提高安全生产水平。

第十六条 国家对在改善安全生产条件、防止生产安全事故、参加抢险救护等方面取得显著成绩的单位和个人，给予奖励。

第二章　生产经营单位的安全生产保障

第十七条　生产经营单位应当具备本法和有关法律、行政法规和国家标准或者行业标准规定的安全生产条件；不具备安全生产条件的，不得从事生产经营活动。

第十八条　生产经营单位的主要负责人对本单位安全生产工作负有下列职责：

（一）建立、健全本单位安全生产责任制；

（二）组织制定本单位安全生产规章制度和操作规程；

（三）组织制定并实施本单位安全生产教育和培训计划；

（四）保证本单位安全生产投入的有效实施；

（五）督促、检查本单位的安全生产工作，及时消除生产安全事故隐患；

（六）组织制定并实施本单位的生产安全事故应急救援预案；

（七）及时、如实报告生产安全事故。

第十九条　生产经营单位的安全生产责任制应当明确各岗位的责任人员、责任范围和考核标准等内容。

生产经营单位应当建立相应的机制，加强对安全生产责任制落实情况的监督考核，保证安全生产责任制的落实。

第二十条　生产经营单位应当具备的安全生产条件所必需的资金投入，由生产经营单位的决策机构、主要负责人或者个人经营的投资人予以保证，并对由于安全生产所必需的资金投入不足导致的后果承担责任。

有关生产经营单位应当按照规定提取和使用安全生产费

用，专门用于改善安全生产条件。安全生产费用在成本中据实列支。安全生产费用提取、使用和监督管理的具体办法由国务院财政部门会同国务院安全生产监督管理部门征求国务院有关部门意见后制定。

第二十一条　矿山、金属冶炼、建筑施工、道路运输单位和危险物品的生产、经营、储存单位，应当设置安全生产管理机构或者配备专职安全生产管理人员。

前款规定以外的其他生产经营单位，从业人员超过一百人的，应当设置安全生产管理机构或者配备专职安全生产管理人员；从业人员在一百人以下的，应当配备专职或者兼职的安全生产管理人员。

第二十二条　生产经营单位的安全生产管理机构以及安全生产管理人员履行下列职责：

（一）组织或者参与拟订本单位安全生产规章制度、操作规程和生产安全事故应急救援预案；

（二）组织或者参与本单位安全生产教育和培训，如实记录安全生产教育和培训情况；

（三）督促落实本单位重大危险源的安全管理措施；

（四）组织或者参与本单位应急救援演练；

（五）检查本单位的安全生产状况，及时排查生产安全事故隐患，提出改进安全生产管理的建议；

（六）制止和纠正违章指挥、强令冒险作业、违反操作规程的行为；

（七）督促落实本单位安全生产整改措施。

第二十三条　生产经营单位的安全生产管理机构以及安全生产管理人员应当恪尽职守，依法履行职责。

生产经营单位作出涉及安全生产的经营决策，应当听取安全生产管理机构以及安全生产管理人员的意见。

生产经营单位不得因安全生产管理人员依法履行职责而降低其工资、福利等待遇或者解除与其订立的劳动合同。

危险物品的生产、储存单位以及矿山、金属冶炼单位的安全生产管理人员的任免，应当告知主管的负有安全生产监督管理职责的部门。

第二十四条　生产经营单位的主要负责人和安全生产管理人员必须具备与本单位所从事的生产经营活动相应的安全生产知识和管理能力。

危险物品的生产、经营、储存单位以及矿山、金属冶炼、建筑施工、道路运输单位的主要负责人和安全生产管理人员，应当由主管的负有安全生产监督管理职责的部门对其安全生产知识和管理能力考核合格。考核不得收费。

危险物品的生产、储存单位以及矿山、金属冶炼单位应当有注册安全工程师从事安全生产管理工作。鼓励其他生产经营单位聘用注册安全工程师从事安全生产管理工作。注册安全工程师按专业分类管理，具体办法由国务院人力资源和社会保障部门、国务院安全生产监督管理部门会同国务院有关部门制定。

第二十五条　生产经营单位应当对从业人员进行安全生产教育和培训，保证从业人员具备必要的安全生产知识，熟悉有关的安全生产规章制度和安全操作规程，掌握本岗位的安全操作技能，了解事故应急处理措施，知悉自身在安全生产方面的权利和义务。未经安全生产教育和培训合格的从业人员，不得上岗作业。

生产经营单位使用被派遣劳动者的，应当将被派遣劳动者纳入本单位从业人员统一管理，对被派遣劳动者进行岗位安全操作规程和安全操作技能的教育和培训。劳务派遣单位应当对被派遣劳动者进行必要的安全生产教育和培训。

生产经营单位接收中等职业学校、高等学校学生实习的，应当对实习学生进行相应的安全生产教育和培训，提供必要的劳动防护用品。学校应当协助生产经营单位对实习学生进行安全生产教育和培训。

生产经营单位应当建立安全生产教育和培训档案，如实记录安全生产教育和培训的时间、内容、参加人员以及考核结果等情况。

第二十六条 生产经营单位采用新工艺、新技术、新材料或者使用新设备，必须了解、掌握其安全技术特性，采取有效的安全防护措施，并对从业人员进行专门的安全生产教育和培训。

第二十七条 生产经营单位的特种作业人员必须按照国家有关规定经专门的安全作业培训，取得相应资格，方可上岗作业。

特种作业人员的范围由国务院安全生产监督管理部门会同国务院有关部门确定。

第二十八条 生产经营单位新建、改建、扩建工程项目（以下统称建设项目）的安全设施，必须与主体工程同时设计、同时施工、同时投入生产和使用。安全设施投资应当纳入建设项目概算。

第二十九条 矿山、金属冶炼建设项目和用于生产、储存、装卸危险物品的建设项目，应当按照国家有关规定进行安全评价。

第三十条　建设项目安全设施的设计人、设计单位应当对安全设施设计负责。

矿山、金属冶炼建设项目和用于生产、储存、装卸危险物品的建设项目的安全设施设计应当按照国家有关规定报经有关部门审查，审查部门及其负责审查的人员对审查结果负责。

第三十一条　矿山、金属冶炼建设项目和用于生产、储存、装卸危险物品的建设项目的施工单位必须按照批准的安全设施设计施工，并对安全设施的工程质量负责。

矿山、金属冶炼建设项目和用于生产、储存危险物品的建设项目竣工投入生产或者使用前，应当由建设单位负责组织对安全设施进行验收；验收合格后，方可投入生产和使用。安全生产监督管理部门应当加强对建设单位验收活动和验收结果的监督核查。

第三十二条　生产经营单位应当在有较大危险因素的生产经营场所和有关设施、设备上，设置明显的安全警示标志。

第三十三条　安全设备的设计、制造、安装、使用、检测、维修、改造和报废，应当符合国家标准或者行业标准。

生产经营单位必须对安全设备进行经常性维护、保养，并定期检测，保证正常运转。维护、保养、检测应当做好记录，并由有关人员签字。

第三十四条　生产经营单位使用的危险物品的容器、运输工具，以及涉及人身安全、危险性较大的海洋石油开采特种设备和矿山井下特种设备，必须按照国家有关规定，由专业生产单位生产，并经具有专业资质的检测、检验机构检测、检验合格，取得安全使用证或者安全标志，方可投入使用。检测、检验机构对检测、检验结果负责。

第三十五条 国家对严重危及生产安全的工艺、设备实行淘汰制度，具体目录由国务院安全生产监督管理部门会同国务院有关部门制定并公布。法律、行政法规对目录的制定另有规定的，适用其规定。

省、自治区、直辖市人民政府可以根据本地区实际情况制定并公布具体目录，对前款规定以外的危及生产安全的工艺、设备予以淘汰。

生产经营单位不得使用应当淘汰的危及生产安全的工艺、设备。

第三十六条 生产、经营、运输、储存、使用危险物品或者处置废弃危险物品的，由有关主管部门依照有关法律、法规的规定和国家标准或者行业标准审批并实施监督管理。

生产经营单位生产、经营、运输、储存、使用危险物品或者处置废弃危险物品，必须执行有关法律、法规和国家标准或者行业标准，建立专门的安全管理制度，采取可靠的安全措施，接受有关主管部门依法实施的监督管理。

第三十七条 生产经营单位对重大危险源应当登记建档，进行定期检测、评估、监控，并制定应急预案，告知从业人员和相关人员在紧急情况下应当采取的应急措施。

生产经营单位应当按照国家有关规定将本单位重大危险源及有关安全措施、应急措施报有关地方人民政府安全生产监督管理部门和有关部门备案。

第三十八条 生产经营单位应当建立健全生产安全事故隐患排查治理制度，采取技术、管理措施，及时发现并消除事故隐患。事故隐患排查治理情况应当如实记录，并向从业人员通报。

县级以上地方各级人民政府负有安全生产监督管理职责的部门应当建立健全重大事故隐患治理督办制度，督促生产经营单位消除重大事故隐患。

第三十九条　生产、经营、储存、使用危险物品的车间、商店、仓库不得与员工宿舍在同一座建筑物内，并应当与员工宿舍保持安全距离。

生产经营场所和员工宿舍应当设有符合紧急疏散要求、标志明显、保持畅通的出口。禁止锁闭、封堵生产经营场所或者员工宿舍的出口。

第四十条　生产经营单位进行爆破、吊装以及国务院安全生产监督管理部门会同国务院有关部门规定的其他危险作业，应当安排专门人员进行现场安全管理，确保操作规程的遵守和安全措施的落实。

第四十一条　生产经营单位应当教育和督促从业人员严格执行本单位的安全生产规章制度和安全操作规程；并向从业人员如实告知作业场所和工作岗位存在的危险因素、防范措施以及事故应急措施。

第四十二条　生产经营单位必须为从业人员提供符合国家标准或者行业标准的劳动防护用品，并监督、教育从业人员按照使用规则佩戴、使用。

第四十三条　生产经营单位的安全生产管理人员应当根据本单位的生产经营特点，对安全生产状况进行经常性检查；对检查中发现的安全问题，应当立即处理；不能处理的，应当及时报告本单位有关负责人，有关负责人应当及时处理。检查及处理情况应当如实记录在案。

生产经营单位的安全生产管理人员在检查中发现重大事故隐患，依照前款规定向本单位有关负责人报告，有关负责人不及时处理的，安全生产管理人员可以向主管的负有安全生产监督管理职责的部门报告，接到报告的部门应当依法及时处理。

第四十四条　生产经营单位应当安排用于配备劳动防护用品、进行安全生产培训的经费。

第四十五条　两个以上生产经营单位在同一作业区域内进行生产经营活动，可能危及对方生产安全的，应当签订安全生产管理协议，明确各自的安全生产管理职责和应当采取的安全措施，并指定专职安全生产管理人员进行安全检查与协调。

第四十六条　生产经营单位不得将生产经营项目、场所、设备发包或者出租给不具备安全生产条件或者相应资质的单位或者个人。

生产经营项目、场所发包或者出租给其他单位的，生产经营单位应当与承包单位、承租单位签订专门的安全生产管理协议，或者在承包合同、租赁合同中约定各自的安全生产管理职责；生产经营单位对承包单位、承租单位的安全生产工作统一协调、管理，定期进行安全检查，发现安全问题的，应当及时督促整改。

第四十七条　生产经营单位发生生产安全事故时，单位的主要负责人应当立即组织抢救，并不得在事故调查处理期间擅离职守。

第四十八条　生产经营单位必须依法参加工伤保险，为从业人员缴纳保险费。

国家鼓励生产经营单位投保安全生产责任保险。

第三章　从业人员的安全生产权利义务

第四十九条　生产经营单位与从业人员订立的劳动合同，应当载明有关保障从业人员劳动安全、防止职业危害的事项，以及依法为从业人员办理工伤保险的事项。

生产经营单位不得以任何形式与从业人员订立协议，免除或者减轻其对从业人员因生产安全事故伤亡依法应承担的责任。

第五十条　生产经营单位的从业人员有权了解其作业场所和工作岗位存在的危险因素、防范措施及事故应急措施，有权对本单位的安全生产工作提出建议。

第五十一条　从业人员有权对本单位安全生产工作中存在的问题提出批评、检举、控告；有权拒绝违章指挥和强令冒险作业。

生产经营单位不得因从业人员对本单位安全生产工作提出批评、检举、控告或者拒绝违章指挥、强令冒险作业而降低其工资、福利等待遇或者解除与其订立的劳动合同。

第五十二条　从业人员发现直接危及人身安全的紧急情况时，有权停止作业或者在采取可能的应急措施后撤离作业场所。

生产经营单位不得因从业人员在前款紧急情况下停止作业或者采取紧急撤离措施而降低其工资、福利等待遇或者解除与其订立的劳动合同。

第五十三条　因生产安全事故受到损害的从业人员，除依法享有工伤保险外，依照有关民事法律尚有获得赔偿的权利的，有权向本单位提出赔偿要求。

第五十四条　从业人员在作业过程中，应当严格遵守本单位的安全生产规章制度和操作规程，服从管理，正确佩戴和使用劳动防护用品。

第五十五条　从业人员应当接受安全生产教育和培训，掌握本职工作所需的安全生产知识，提高安全生产技能，增强事故预防和应急处理能力。

第五十六条　从业人员发现事故隐患或者其他不安全因素，应当立即向现场安全生产管理人员或者本单位负责人报告；接到报告的人员应当及时予以处理。

第五十七条　工会有权对建设项目的安全设施与主体工程同时设计、同时施工、同时投入生产和使用进行监督，提出意见。

工会对生产经营单位违反安全生产法律、法规，侵犯从业人员合法权益的行为，有权要求纠正；发现生产经营单位违章指挥、强令冒险作业或者发现事故隐患时，有权提出解决的建议，生产经营单位应当及时研究答复；发现危及从业人员生命安全的情况时，有权向生产经营单位建议组织从业人员撤离危险场所，生产经营单位必须立即做出处理。

工会有权依法参加事故调查，向有关部门提出处理意见，并要求追究有关人员的责任。

第五十八条　生产经营单位使用被派遣劳动者的，被派遣劳动者享有本法规定的从业人员的权利，并应当履行本法规定的从业人员的义务。

第四章　安全生产的监督管理

第五十九条　县级以上地方各级人民政府应当根据本行政区域内的安全生产状况，组织有关部门按照职责分工，对本行政区域内容易发生重大生产安全事故的生产经营单位进行严格检查。

安全生产监督管理部门应当按照分类分级监督管理的要求，制定安全生产年度监督检查计划，并按照年度监督检查计划进行监督检查，发现事故隐患，应当及时处理。

第六十条　负有安全生产监督管理职责的部门依照有关法律、法规的规定，对涉及安全生产的事项需要审查批准（包括批准、核准、许可、注册、认证、颁发证照等，下同）或者验收的，必须严格依照有关法律、法规和国家标准或者行业标准规定的安全生产条件和程序进行审查；不符合有关法律、法规和国家标准或者行业标准规定的安全生产条件的，不得批准或者验收通过。对未依法取得批准或者验收合格的单位擅自从事有关活动的，负责行政审批的部门发现或者接到举报后应当立即予以取缔，并依法予以处理。对已经依法取得批准的单位，负责行政审批的部门发现其不再具备安全生产条件的，应当撤销原批准。

第六十一条　负有安全生产监督管理职责的部门对涉及安全生产的事项进行审查、验收，不得收取费用；不得要求接受审查、验收的单位购买其指定品牌或者指定生产、销售单位的安全设备、器材或者其他产品。

第六十二条　安全生产监督管理部门和其他负有安全生产

监督管理职责的部门依法开展安全生产行政执法工作，对生产经营单位执行有关安全生产的法律、法规和国家标准或者行业标准的情况进行监督检查，行使以下职权：

（一）进入生产经营单位进行检查，调阅有关资料，向有关单位和人员了解情况；

（二）对检查中发现的安全生产违法行为，当场予以纠正或者要求限期改正；对依法应当给予行政处罚的行为，依照本法和其他有关法律、行政法规的规定作出行政处罚决定；

（三）对检查中发现的事故隐患，应当责令立即排除；重大事故隐患排除前或者排除过程中无法保证安全的，应当责令从危险区域内撤出作业人员，责令暂时停产停业或者停止使用相关设施、设备；重大事故隐患排除后，经审查同意，方可恢复生产经营和使用；

（四）对有根据认为不符合保障安全生产的国家标准或者行业标准的设施、设备、器材以及违法生产、储存、使用、经营、运输的危险物品予以查封或者扣押，对违法生产、储存、使用、经营危险物品的作业场所予以查封，并依法作出处理决定。

监督检查不得影响被检查单位的正常生产经营活动。

第六十三条　生产经营单位对负有安全生产监督管理职责的部门的监督检查人员（以下统称安全生产监督检查人员）依法履行监督检查职责，应当予以配合，不得拒绝、阻挠。

第六十四条　安全生产监督检查人员应当忠于职守，坚持原则，秉公执法。

安全生产监督检查人员执行监督检查任务时，必须出示有效的监督执法证件；对涉及被检查单位的技术秘密和业务秘密，应当为其保密。

第六十五条 安全生产监督检查人员应当将检查的时间、地点、内容、发现的问题及其处理情况，作出书面记录，并由检查人员和被检查单位的负责人签字；被检查单位的负责人拒绝签字的，检查人员应当将情况记录在案，并向负有安全生产监督管理职责的部门报告。

第六十六条 负有安全生产监督管理职责的部门在监督检查中，应当互相配合，实行联合检查；确需分别进行检查的，应当互通情况，发现存在的安全问题应当由其他有关部门进行处理的，应当及时移送其他有关部门并形成记录备查，接受移送的部门应当及时进行处理。

第六十七条 负有安全生产监督管理职责的部门依法对存在重大事故隐患的生产经营单位作出停产停业、停止施工、停止使用相关设施或者设备的决定，生产经营单位应当依法执行，及时消除事故隐患。生产经营单位拒不执行，有发生生产安全事故的现实危险的，在保证安全的前提下，经本部门主要负责人批准，负有安全生产监督管理职责的部门可以采取通知有关单位停止供电、停止供应民用爆炸物品等措施，强制生产经营单位履行决定。通知应当采用书面形式，有关单位应当予以配合。

负有安全生产监督管理职责的部门依照前款规定采取停止供电措施，除有危及生产安全的紧急情形外，应当提前二十四小时通知生产经营单位。生产经营单位依法履行行政决定、采取相应措施消除事故隐患的，负有安全生产监督管理职责的部门应当及时解除前款规定的措施。

第六十八条 监察机关依照行政监察法的规定，对负有安全生产监督管理职责的部门及其工作人员履行安全生产监督管理职责实施监察。

第六十九条 承担安全评价、认证、检测、检验的机构应当具备国家规定的资质条件，并对其作出的安全评价、认证、检测、检验的结果负责。

第七十条 负有安全生产监督管理职责的部门应当建立举报制度，公开举报电话、信箱或者电子邮件地址，受理有关安全生产的举报；受理的举报事项经调查核实后，应当形成书面材料；需要落实整改措施的，报经有关负责人签字并督促落实。

第七十一条 任何单位或者个人对事故隐患或者安全生产违法行为，均有权向负有安全生产监督管理职责的部门报告或者举报。

第七十二条 居民委员会、村民委员会发现其所在区域内的生产经营单位存在事故隐患或者安全生产违法行为时，应当向当地人民政府或者有关部门报告。

第七十三条 县级以上各级人民政府及其有关部门对报告重大事故隐患或者举报安全生产违法行为的有功人员，给予奖励。具体奖励办法由国务院安全生产监督管理部门会同国务院财政部门制定。

第七十四条 新闻、出版、广播、电影、电视等单位有进行安全生产公益宣传教育的义务，有对违反安全生产法律、法规的行为进行舆论监督的权利。

第七十五条 负有安全生产监督管理职责的部门应当建立安全生产违法行为信息库，如实记录生产经营单位的安全生产违法行为信息；对违法行为情节严重的生产经营单位，应当向社会公告，并通报行业主管部门、投资主管部门、国土资源主管部门、证券监督管理机构以及有关金融机构。

第五章 生产安全事故的应急救援与调查处理

第七十六条 国家加强生产安全事故应急能力建设，在重点行业、领域建立应急救援基地和应急救援队伍，鼓励生产经营单位和其他社会力量建立应急救援队伍，配备相应的应急救援装备和物资，提高应急救援的专业化水平。

国务院安全生产监督管理部门建立全国统一的生产安全事故应急救援信息系统，国务院有关部门建立健全相关行业、领域的生产安全事故应急救援信息系统。

第七十七条 县级以上地方各级人民政府应当组织有关部门制定本行政区域内生产安全事故应急救援预案，建立应急救援体系。

第七十八条 生产经营单位应当制定本单位生产安全事故应急救援预案，与所在地县级以上地方人民政府组织制定的生产安全事故应急救援预案相衔接，并定期组织演练。

第七十九条 危险物品的生产、经营、储存单位以及矿山、金属冶炼、城市轨道交通运营、建筑施工单位应当建立应急救援组织；生产经营规模较小的，可以不建立应急救援组织，但应当指定兼职的应急救援人员。

危险物品的生产、经营、储存、运输单位以及矿山、金属冶炼、城市轨道交通运营、建筑施工单位应当配备必要的应急救援器材、设备和物资，并进行经常性维护、保养，保证正常运转。

第八十条　生产经营单位发生生产安全事故后，事故现场有关人员应当立即报告本单位负责人。

单位负责人接到事故报告后，应当迅速采取有效措施，组织抢救，防止事故扩大，减少人员伤亡和财产损失，并按照国家有关规定立即如实报告当地负有安全生产监督管理职责的部门，不得隐瞒不报、谎报或者迟报，不得故意破坏事故现场、毁灭有关证据。

第八十一条　负有安全生产监督管理职责的部门接到事故报告后，应当立即按照国家有关规定上报事故情况。负有安全生产监督管理职责的部门和有关地方人民政府对事故情况不得隐瞒不报、谎报或者迟报。

第八十二条　有关地方人民政府和负有安全生产监督管理职责的部门的负责人接到生产安全事故报告后，应当按照生产安全事故应急救援预案的要求立即赶到事故现场，组织事故抢救。

参与事故抢救的部门和单位应当服从统一指挥，加强协同联动，采取有效的应急救援措施，并根据事故救援的需要采取警戒、疏散等措施，防止事故扩大和次生灾害的发生，减少人员伤亡和财产损失。

事故抢救过程中应当采取必要措施，避免或者减少对环境造成的危害。

任何单位和个人都应当支持、配合事故抢救，并提供一切便利条件。

第八十三条　事故调查处理应当按照科学严谨、依法依规、实事求是、注重实效的原则，及时、准确地查清事故原因，查明事故性质和责任，总结事故教训，提出整改措施，并对事故责任者提出处理意见。事故调查报告应当依法及时向社会公布。事故调查和处理的具体办法由国务院制定。

事故发生单位应当及时全面落实整改措施，负有安全生产监督管理职责的部门应当加强监督检查。

第八十四条 生产经营单位发生生产安全事故，经调查确定为责任事故的，除了应当查明事故单位的责任并依法予以追究外，还应当查明对安全生产的有关事项负有审查批准和监督职责的行政部门的责任，对有失职、渎职行为的，依照本法第七十七条的规定追究法律责任。

第八十五条 任何单位和个人不得阻挠和干涉对事故的依法调查处理。

第八十六条 县级以上地方各级人民政府安全生产监督管理部门应当定期统计分析本行政区域内发生生产安全事故的情况，并定期向社会公布。

第六章 法 律 责 任

第八十七条 负有安全生产监督管理职责的部门的工作人员，有下列行为之一的，给予降级或者撤职的处分；构成犯罪的，依照刑法有关规定追究刑事责任：

（一）对不符合法定安全生产条件的涉及安全生产的事项予以批准或者验收通过的；

（二）发现未依法取得批准、验收的单位擅自从事有关活动或者接到举报后不予取缔或者不依法予以处理的；

（三）对已经依法取得批准的单位不履行监督管理职责，发现其不再具备安全生产条件而不撤销原批准或者发现安全生产违法行为不予查处的；

（四）在监督检查中发现重大事故隐患，不依法及时处理的。

负有安全生产监督管理职责的部门的工作人员有前款规定以外的滥用职权、玩忽职守、徇私舞弊行为的，依法给予处分；构成犯罪的，依照刑法有关规定追究刑事责任。

第八十八条　负有安全生产监督管理职责的部门，要求被审查、验收的单位购买其指定的安全设备、器材或者其他产品的，在对安全生产事项的审查、验收中收取费用的，由其上级机关或者监察机关责令改正，责令退还收取的费用；情节严重的，对直接负责的主管人员和其他直接责任人员依法给予处分。

第八十九条　承担安全评价、认证、检测、检验工作的机构，出具虚假证明的，没收违法所得；违法所得在十万元以上的，并处违法所得二倍以上五倍以下的罚款；没有违法所得或者违法所得不足十万元的，单处或者并处十万元以上二十万元以下的罚款；对其直接负责的主管人员和其他直接责任人员处二万元以上五万元以下的罚款；给他人造成损害的，与生产经营单位承担连带赔偿责任；构成犯罪的，依照刑法有关规定追究刑事责任。

对有前款违法行为的机构，吊销其相应资质。

第九十条　生产经营单位的决策机构、主要负责人或者个人经营的投资人不依照本法规定保证安全生产所必需的资金投入，致使生产经营单位不具备安全生产条件的，责令限期改正，提供必需的资金；逾期未改正的，责令生产经营单位停产停业整顿。

有前款违法行为，导致发生生产安全事故的，对生产经营单位的主要负责人给予撤职处分，对个人经营的投资人处二万元以上二十万元以下的罚款；构成犯罪的，依照刑法有关规定追究刑事责任。

第九十一条　生产经营单位的主要负责人未履行本法规定的安全生产管理职责的，责令限期改正；逾期未改正的，处二万元以上五万元以下的罚款，责令生产经营单位停产停业整顿。

生产经营单位的主要负责人有前款违法行为，导致发生生产安全事故的，给予撤职处分；构成犯罪的，依照刑法有关规定追究刑事责任。

生产经营单位的主要负责人依照前款规定受刑事处罚或者撤职处分的，自刑罚执行完毕或者受处分之日起，五年内不得担任任何生产经营单位的主要负责人；对重大、特别重大生产安全事故负有责任的，终身不得担任本行业生产经营单位的主要负责人。

第九十二条　生产经营单位的主要负责人未履行本法规定的安全生产管理职责，导致发生生产安全事故的，由安全生产监督管理部门依照下列规定处以罚款：

（一）发生一般事故的，处上一年年收入百分之三十的罚款；

（二）发生较大事故的，处上一年年收入百分之四十的罚款；

（三）发生重大事故的，处上一年年收入百分之六十的罚款；

（四）发生特别重大事故的，处上一年年收入百分之八十的罚款。

第九十三条　生产经营单位的安全生产管理人员未履行本法规定的安全生产管理职责的，责令限期改正；导致发生生产安全事故的，暂停或者撤销其与安全生产有关的资格；构成犯罪的，依照刑法有关规定追究刑事责任。

第九十四条　生产经营单位有下列行为之一的，责令限期改正，可以处五万元以下的罚款；逾期未改正的，责令停产停业整顿，并处五万元以上十万元以下的罚款，对其直接负责的主管人员和其他直接责任人员处一万元以上二万元以下的罚款：

（一）未按照规定设置安全生产管理机构或者配备安全生产管理人员的；

（二）危险物品的生产、经营、储存单位以及矿山、金属冶炼、建筑施工、道路运输单位的主要负责人和安全生产管理人员未按照规定经考核合格的；

（三）未按照规定对从业人员、被派遣劳动者、实习学生进行安全生产教育和培训，或者未按照规定如实告知有关的安全生产事项的；

（四）未如实记录安全生产教育和培训情况的；

（五）未将事故隐患排查治理情况如实记录或者未向从业人员通报的；

（六）未按照规定制定生产安全事故应急救援预案或者未定期组织演练的；

（七）特种作业人员未按照规定经专门的安全作业培训并取得相应资格，上岗作业的。

第九十五条　生产经营单位有下列行为之一的，责令停止建设或者停产停业整顿，限期改正；逾期未改正的，处五十万元以上一百万元以下的罚款，对其直接负责的主管人员和其他直接责任人员处二万元以上五万元以下的罚款；构成犯罪的，依照刑法有关规定追究刑事责任：

（一）未按照规定对矿山、金属冶炼建设项目或者用于生产、储存、装卸危险物品的建设项目进行安全评价的；

（二）矿山、金属冶炼建设项目或者用于生产、储存、装卸危险物品的建设项目没有安全设施设计或者安全设施设计未按照规定报经有关部门审查同意的；

（三）矿山、金属冶炼建设项目或者用于生产、储存、装卸危险物品的建设项目的施工单位未按照批准的安全设施设计施工的；

（四）矿山、金属冶炼建设项目或者用于生产、储存危险物品的建设项目竣工投入生产或者使用前，安全设施未经验收合格的。

第九十六条 生产经营单位有下列行为之一的，责令限期改正，可以处五万元以下的罚款；逾期未改正的，处五万元以上二十万元以下的罚款，对其直接负责的主管人员和其他直接责任人员处一万元以上二万元以下的罚款；情节严重的，责令停产停业整顿；构成犯罪的，依照刑法有关规定追究刑事责任：

（一）未在有较大危险因素的生产经营场所和有关设施、设备上设置明显的安全警示标志的；

（二）安全设备的安装、使用、检测、改造和报废不符合国家标准或者行业标准的；

（三）未对安全设备进行经常性维护、保养和定期检测的；

（四）未为从业人员提供符合国家标准或者行业标准的劳动防护用品的；

（五）危险物品的容器、运输工具，以及涉及人身安全、危险性较大的海洋石油开采特种设备和矿山井下特种设备未经具有专业资质的机构检测、检验合格，取得安全使用证或者安全标志，投入使用的；

（六）使用应当淘汰的危及生产安全的工艺、设备的。

第九十七条　未经依法批准，擅自生产、经营、运输、储存、使用危险物品或者处置废弃危险物品的，依照有关危险物品安全管理的法律、行政法规的规定予以处罚；构成犯罪的，依照刑法有关规定追究刑事责任。

第九十八条　生产经营单位有下列行为之一的，责令限期改正，可以处十万元以下的罚款；逾期未改正的，责令停产停业整顿，并处十万元以上二十万元以下的罚款，对其直接负责的主管人员和其他直接责任人员处二万元以上五万元以下的罚款；构成犯罪的，依照刑法有关规定追究刑事责任：

（一）生产、经营、运输、储存、使用危险物品或者处置废弃危险物品，未建立专门安全管理制度、未采取可靠的安全措施的；

（二）对重大危险源未登记建档，或者未进行评估、监控，或者未制定应急预案的；

（三）进行爆破、吊装以及国务院安全生产监督管理部门会同国务院有关部门规定的其他危险作业，未安排专门人员进行现场安全管理的；

（四）未建立事故隐患排查治理制度的。

第九十九条 生产经营单位未采取措施消除事故隐患的，责令立即消除或者限期消除；生产经营单位拒不执行的，责令停产停业整顿，并处十万元以上五十万元以下的罚款，对其直接负责的主管人员和其他直接责任人员处二万元以上五万元以下的罚款。

第一百条 生产经营单位将生产经营项目、场所、设备发包或者出租给不具备安全生产条件或者相应资质的单位或者个人的，责令限期改正，没收违法所得；违法所得十万元以上的，并处违法所得二倍以上五倍以下的罚款；没有违法所得或者违法所得不足十万元的，单处或者并处十万元以上二十万元以下的罚款；对其直接负责的主管人员和其他直接责任人员处一万元以上二万元以下的罚款；导致发生生产安全事故给他人造成损害的，与承包方、承租方承担连带赔偿责任。

生产经营单位未与承包单位、承租单位签订专门的安全生产管理协议或者未在承包合同、租赁合同中明确各自的安全生产管理职责，或者未对承包单位、承租单位的安全生产统一协调、管理的，责令限期改正，可以处五万元以下的罚款，对其直接负责的主管人员和其他直接责任人员可以处一万元以下的罚款；逾期未改正的，责令停产停业整顿。

第一百零一条 两个以上生产经营单位在同一作业区域内进行可能危及对方安全生产的生产经营活动，未签订安全生产管理协议或者未指定专职安全生产管理人员进行安全检查与协调的，责令限期改正，可以处五万元以下的罚款，对其直接负责的主管人员和其他直接责任人员可以处一万元以下的罚款；逾期未改正的，责令停产停业。

第一百零二条 生产经营单位有下列行为之一的，责令限期改正，可以处五万元以下的罚款，对其直接负责的主管人员和其他直接责任人员可以处一万元以下的罚款；逾期未改正的，责令停产停业整顿；构成犯罪的，依照刑法有关规定追究刑事责任：

（一）生产、经营、储存、使用危险物品的车间、商店、仓库与员工宿舍在同一座建筑内，或者与员工宿舍的距离不符合安全要求的；

（二）生产经营场所和员工宿舍未设有符合紧急疏散需要、标志明显、保持畅通的出口，或者锁闭、封堵生产经营场所或者员工宿舍出口的。

第一百零三条　生产经营单位与从业人员订立协议，免除或者减轻其对从业人员因生产安全事故伤亡依法应承担的责任的，该协议无效；对生产经营单位的主要负责人、个人经营的投资人处二万元以上十万元以下的罚款。

第一百零四条　生产经营单位的从业人员不服从管理，违反安全生产规章制度或者操作规程的，由生产经营单位给予批评教育，依照有关规章制度给予处分；构成犯罪的，依照刑法有关规定追究刑事责任。

第一百零五条　违反本法规定，生产经营单位拒绝、阻碍负有安全生产监督管理职责的部门依法实施监督检查的，责令改正；拒不改正的，处二万元以上二十万元以下的罚款；对其直接负责的主管人员和其他直接责任人员处一万元以上二万元以下的罚款；构成犯罪的，依照刑法有关规定追究刑事责任。

第一百零六条　生产经营单位的主要负责人在本单位发生生产安全事故时，不立即组织抢救或者在事故调查处理期间擅离职守或者逃匿的，给予降级、撤职的处分，并由安全生产监督管理部门处上一年年收入百分之六十至百分之一百的罚款；对逃匿的处十五日以下拘留；构成犯罪的，依照刑法有关规定追究刑事责任。

生产经营单位的主要负责人对生产安全事故隐瞒不报、谎报或者迟报的，依照前款规定处罚。

第一百零七条 有关地方人民政府、负有安全生产监督管理职责的部门，对生产安全事故隐瞒不报、谎报或者迟报的，对直接负责的主管人员和其他直接责任人员依法给予处分；构成犯罪的，依照刑法有关规定追究刑事责任。

第一百零八条 生产经营单位不具备本法和其他有关法律、行政法规和国家标准或者行业标准规定的安全生产条件，经停产停业整顿仍不具备安全生产条件的，予以关闭；有关部门应当依法吊销其有关证照。

第一百零九条 发生生产安全事故，对负有责任的生产经营单位除要求其依法承担相应的赔偿等责任外，由安全生产监督管理部门依照下列规定处以罚款：

（一）发生一般事故的，处二十万元以上五十万元以下的罚款；

（二）发生较大事故的，处五十万元以上一百万元以下的罚款；

（三）发生重大事故的，处一百万元以上五百万元以下的罚款；

（四）发生特别重大事故的，处五百万元以上一千万元以下的罚款；情节特别严重的，处一千万元以上二千万元以下的罚款。

第一百一十条 本法规定的行政处罚，由安全生产监督管理部门和其他负有安全生产监督管理职责的部门按照职责分工决定。予以关闭的行政处罚由负有安全生产监督管理职责的部门报请县级以上人民政府按照国务院规定的权限决定；给予拘留的行政处罚由公安机关依照治安管理处罚法的规定决定。

第一百一十一条 生产经营单位发生生产安全事故造成人员伤亡、他人财产损失的，应当依法承担赔偿责任；拒不承担或者其负责人逃匿的，由人民法院依法强制执行。

生产安全事故的责任人未依法承担赔偿责任，经人民法院依法采取执行措施后，仍不能对受害人给予足额赔偿的，应当继续履行赔偿义务；受害人发现责任人有其他财产的，可以随时请求人民法院执行。

第七章 附 则

第一百一十二条 本法下列用语的含义：

危险物品，是指易燃易爆物品、危险化学品、放射性物品等能够危及人身安全和财产安全的物品。

重大危险源，是指长期地或者临时地生产、搬运、使用或者储存危险物品，且危险物品的数量等于或者超过临界量的单元（包括场所和设施）。

第一百一十三条 本法规定的生产安全一般事故、较大事故、重大事故、特别重大事故的划分标准由国务院规定。

国务院安全生产监督管理部门和其他负有安全生产监督管理职责的部门应当根据各自的职责分工，制定相关行业、领域重大事故隐患的判定标准。

第一百一十四条 本法自 2002 年 11 月 1 日起施行。

附录二　辽宁省安全生产条例

（2017年1月10日辽宁省第十二届人民代表大会常务委员会第三十一次会议通过）

第一章　总　　则

第一条　为了加强安全生产工作，防止和减少生产安全事故，保障人民群众生命和财产安全，促进经济社会持续健康发展，根据《中华人民共和国安全生产法》等有关法律、行政法规，结合本省实际，制定本条例。

第二条　在本省行政区域内从事生产经营活动的单位（以下统称生产经营单位）的安全生产及其相关监督管理活动，适用本条例。法律、法规另有规定的，从其规定。

第三条　安全生产工作应当坚持以人为本、安全发展，贯彻安全第一、预防为主、综合治理的方针。遵循分级负责、属地监管和管行业必须管安全、管业务必须管安全、管生产经营必须管安全的原则。

第四条　生产经营单位是安全生产工作的责任主体。生产经营单位的主要负责人和实际控制人同为安全生产第一责任人，对本单位安全生产工作负全面责任；分管安全生产的负责人具体负责本单位安全生产管理工作；其他负责人、相关人员在履行岗位职责的同时履行相应的安全生产工作职责。

第五条 省、市、县（含县级市、区，下同）人民政府全面负责本行政区域安全生产监督管理工作。各级人民政府及其有关部门的主要负责人是本行政区域、本部门职责范围内安全生产工作的第一责任人，对安全生产工作负有全面领导责任；其他负责人对分管业务范围内的安全生产工作负有领导责任；分管安全生产的负责人对分管业务以外的安全生产工作负有综合监管、协调指导的责任。

第六条 省、市、县人民政府应当根据国民经济和社会发展规划制定安全生产规划，建立和完善安全生产责任制度和考核制度，及时协调解决本行政区内安全生产工作的重大问题，支持、督促各有关部门依法履行安全生产监督管理职责。

第七条 省、市、县安全生产监督管理部门依法对本行政区域内的安全生产工作实施综合监督管理，指导协调、监督检查、巡查考核本行政区域内人民政府有关部门和下级人民政府的安全生产工作。

公安、交通、港口口岸、工业和信息化、发展改革、住房和城乡建设、海洋渔业、质量技术监督、商务、农业、林业、水利、旅游、文化、教育、卫生、民防等有关部门，按照法律、法规的规定和本级人民政府确定的职责，对本行业、本领域的安全生产工作承担直接监督管理责任。

中央垂直管理的电力、气象、铁路、民航、邮政等部门，按照法律、法规的规定，负责有关行业、领域的安全生产监督管理工作。

安全生产监督管理部门和对有关行业、领域的安全生产工作实施监督管理的部门，统称为负有安全生产监督管理职责的部门。

乡、镇人民政府以及街道办事处、开发区管理机构等地方人民政府的派出机关应当按照职责，加强对本行政区域内生产经营单位安全生产状况的监督检查，协助上级人民政府有关部门依法履行安全生产监督管理职责。

第八条 生产经营单位的工会依法组织职工参加本单位安全生产工作的民主管理和民主监督，维护职工在安全生产方面的合法权益，对本单位执行安全生产法律、法规的情况进行监督。

生产经营单位制定或者修改安全生产的规章制度，应当听取工会的意见。

第九条 各级人民政府及其有关部门应当加强安全生产培训的监督管理，加强全社会的安全生产宣传教育，开展安全文化、安全常识普及和事故警示教育活动，培养和提高全社会的安全生产、安全防护意识和能力。

生产经营单位应当加强本单位安全宣传教育培训工作，保证从业人员具备必要的安全生产知识和操作技能。

教育行政主管部门应当在大中专院校和中小学开设安全知识课程，培养学生的安全意识、知识和技能；督促和指导安全责任制的落实。

新闻媒体应当通过多种形式开展安全生产法律、法规和知识等的宣传教育，有开展安全生产公益宣传的义务；应当对违反安全生产法律、法规的行为进行舆论监督，对发生生产安全事故的典型案例予以曝光，正确引导社会舆论。

第十条　省、市、县人民政府应当设立安全生产专项资金，并纳入年度财政预算，确保专款专用。安全生产专项资金用于下列安全生产事项：

（一）安全生产基础设施和应急救援体系建设；

（二）安全生产科学技术研究和先进技术推广应用；

（三）涉及公共安全的重大生产安全事故隐患的治理；

（四）涉及公共安全的特别重大、重大生产安全事故应急救援；

（五）安全生产宣传教育、培训和奖励；

（六）安全生产监督管理工作所需的技术、管理、咨询等服务；

（七）法律、法规规定的其他事项。

省、市、县人民政府应当建立完善负有安全生产监督管理职责的部门监管执法经费保障机制，将监管执法经费纳入同级财政全额保障范围。

第十一条　省、市、县人民政府及其有关部门应当鼓励和支持安全生产科学技术研究和安全生产先进技术的推广应用，提高安全生产水平。

第十二条　省、市、县人民政府及其有关部门、生产经营单位对在改善安全生产条件、防止生产安全事故发生、如实并及时报告重大事故隐患或者举报安全生产违法行为、及时妥当处置突发事件、参加抢险救护或者研究、推广和应用安全生产先进技术、安全生产监督管理等方面作出重要贡献的单位和个人，给予表彰奖励。

第二章 生产经营单位的安全生产保障

第十三条 生产经营单位应当具备法律、法规和国家标准、行业标准或者地方标准规定的安全生产条件，保证安全生产所必需的资金投入；不具备安全生产条件的，不得从事生产经营活动。

安全生产所必需的资金投入，由生产经营单位的决策机构、主要负责人或者个人经营的投资人予以保证，并对由于安全生产所必需的资金投入不足导致的后果承担责任。

第十四条 生产经营单位应当建立健全安全生产规章制度，落实安全生产责任制，明确各岗位的责任人员、责任范围和考核标准等内容，并加强监督考核，把安全生产工作纳入生产经营全过程。

生产经营单位应当按照规定推进安全生产标准化建设，加强安全生产技术的研发和管理，提高安全生产水平和事故防范能力。

第十五条 生产经营单位应当依法保护从业人员的人身安全，不得违章指挥或者强令从业人员违章、冒险作业；不得超过核定的生产能力、强度或者定员进行生产；不得安排有职业禁忌的从业人员从事其所禁忌的作业。

第十六条 矿山、金属冶炼、建筑施工、道路运输、船舶修造、城市轨道交通运营单位和危险物品的生产、经营、储存单位，应当设置安全生产管理机构或者配备专职安全生产管理人员。

前款规定以外的其他生产经营单位，从业人员超过 100 人的，应当设置安全生产管理机构或者配备专职安全生产管理人员；从业人员在100人以下的，应当配备专职或者兼职的安全生产管理人员。

生产经营单位应当按照规定配备安全技术人员。

第十七条 生产经营单位的主要负责人对本单位安全生产工作负有下列职责：

（一）建立、健全本单位安全生产责任制；

（二）组织制定本单位安全生产规章制度和操作规程；

（三）组织制定并实施本单位安全生产教育和培训计划；

（四）保证本单位安全生产投入的有效实施；

（五）督促、检查本单位的安全生产工作，及时消除生产安全事故隐患；

（六）组织制定并实施本单位的生产安全事故应急救援预案；

（七）及时、如实报告生产安全事故；

（八）法律法规规定的其他安全生产职责。

第十八条 生产经营单位的安全生产管理机构以及安全生产管理人员履行下列职责：

（一）组织或者参与拟订本单位安全生产规章制度、操作规程和生产安全事故应急救援预案；

（二）组织或者参与本单位安全生产教育和培训，如实记录安全生产教育和培训情况；

（三）督促落实本单位重大危险源的安全管理措施；

（四）组织或者参与本单位应急救援演练；

（五）检查本单位的安全生产状况，及时排查生产安全事故隐患，提出改进安全生产管理的建议，如实记录检查情况；

（六）制止和纠正违章指挥、强令冒险作业、违反操作规程的行为；

（七）督促落实本单位安全生产整改措施；

（八）依法组织参与本单位生产安全事故调查；

（九）组织安全生产考核，提出奖惩意见；

（十）法律、法规规定的其他安全生产职责。

第十九条 生产经营单位的主要负责人和安全生产管理人员应当接受相应的安全生产知识和管理能力的培训，具备与本单位所从事的生产经营活动相应的安全生产知识和管理能力。

矿山、金属冶炼、船舶修造、建筑施工、道路运输、城市轨道交通运营单位和危险物品的生产、经营、储存单位的主要负责人和安全生产管理人员，应当由主管的负有安全生产监督管理职责的部门对其安全生产知识和管理能力考核合格。考核不得收费。

第二十条 生产经营单位应当建立从业人员安全生产教育和全员培训制度，组织从业人员的岗前、在岗、转（返）岗等全程培训，并确保培训计划、机构（基地）、费用、教材、人员、考核、档案、制度的落实。未经安全生产教育和培训合格的从业人员，不得上岗作业。

从业人员应当接受安全生产教育和培训，掌握本职工作所需的安全生产知识，提高安全生产技能，增强事故预防和应急处理能力。

特种作业人员必须依法取得相应资格，方可上岗作业。

生产经营单位安排从业人员进行安全培训的时间，应当计入劳动时间，支付工资和必要的费用。

第二十一条 生产经营单位使用被派遣劳动者的，应当为被派遣劳动者提供相应的劳动条件和劳动保护，并将其统一纳入本单位安全生产教育和培训计划，进行岗位安全操作规程和安全操作技能的教育和培训。劳务派遣单位应当对被派遣劳动者进行必要的安全生产教育和培训。

第二十二条　生产经营单位新建、改建、扩建工程项目的安全设施，应当符合下列要求。国家另有规定的，从其规定：

（一）可行性研究阶段，由建设单位开展安全综合分析，编制书面报告；

（二）初步设计阶段，由建设单位委托有相应资质的设计单位进行设计，编制安全设施设计；

（三）施工阶段，由建设单位委托具有相应资质的施工单位按照批准的安全设施设计，与建设项目主体工程同时施工；

（四）试生产（运行）阶段，由建设单位对安全设施进行检查，发现问题及时整改；

（五）竣工验收阶段，由建设单位负责组织对安全设施进行验收；

（六）投产使用阶段，由建设单位保持安全设施的完好有效。

第二十三条　矿山、金属冶炼建设项目和用于生产、储存、装卸危险物品的建设项目的安全设施设计应当按照国家有关规定报经有关部门审查，审查部门及其负责审查的人员对审查结果负责。

其他建设项目的安全设施设计审查，由建设单位自行组织，并监督建设项目的安全设施与主体工程同时施工。

负有安全生产监督管理职责的部门应当加强对建设单位验收活动和验收结果的监督核查。具体办法由省安全生产监督管理部门会同省有关部门制定，报省人民政府批准后实施。

第二十四条 生产经营单位应当对重大危险源采取下列监控措施：

（一）建立重大危险源管理制度并登记建档，对运行安全情况进行全程动态监控；

（二）定期检测、评价重大危险源有关设施、设备、场地的安全状态；

（三）告知从业人员和相关人员在紧急情况下应当采取的措施；

（四）在重大危险源的明显位置设置安全警示标志和安全生产风险告知牌；

（五）制定应急救援预案，定期组织应急救援演练，评估演练结果。

生产经营单位应当每半年向所在地安全生产监督管理部门和有关部门报告本单位重大危险源监控及相应的安全措施、应急措施的实施情况，在重大危险源发生变化时应当立即报告。

第二十五条 生产经营单位应当建立健全生产安全事故隐患排查治理和登记档案监控制度，设立隐患登记台账，实时登记生产安全事故隐患排查治理信息；明确日常排查、岗位排查和专业排查的内容、范围和责任，定期组织开展生产安全隐患排查。

安全生产监督管理部门应当建立与生产经营单位联网的隐患排查治理信息系统，实行生产经营单位自查自报自改与政府监督检查并网衔接，并建立健全线下配套监督管理制度。

第二十六条 生产经营单位对生产安全事故隐患应当及时组织排除；对不能及时排除的重大生产安全事故隐患，应当制定治理方案，落实整改措施、责任、资金、时限和应急预案；对非本单位原因造成的生产安全事故隐患，应当及时向所在地负有安全生产监督管理职责的部门报告。

生产经营单位治理生产安全事故隐患，应当采取安全防范措施；危及人员安全的，应当暂时停止生产经营活动，防止事故发生。

第二十七条　生产经营单位在发生合并、分立、解散、破产、转让等情形时，其相关单位主要负责人应当首先明确安全生产责任，落实重大危险源和生产安全事故隐患监控治理责任。

第二十八条　生产经营单位生产、经营、储存、使用危险物品的车间、商店、仓库不得与员工宿舍在同一座建筑物内，并应当与员工宿舍保持符合国家标准或者行业标准规定的安全距离。

生产经营单位应当对生产经营场所和员工宿舍的安全出口进行经常性检查，确保安全出口标志明显、保持畅通并符合紧急疏散和救援要求。发现占用、锁闭、封堵生产经营场所或者员工宿舍的疏散通道、安全出口等隐患，应当立即整改。

第二十九条　生产经营单位进行爆破、吊装等国家规定的危险作业，应当遵守下列规定：

（一）对作业内容开展危险有害因素辨识，实施作业前风险分析；

（二）制定作业方案，重点明确安全防范措施、事故应急处置，消除或者降低作业风险；

（三）指定专门人员进行现场指挥、作业和安全监护；

（四）确定现场安全管理人员，对作业人员、监护人员进行现场安全培训和安全技术交底；

（五）负责作业批准的相关人员应当到作业现场审核作业票证，重点检查确认作业安全措施的落实情况；

（六）在作业现场采取照明、通风、检测、通信、监测和设立安全标志等措施；

（七）正确配备劳动防护用品和应急救援器材；

（八）确保应急疏散通道畅通；

（九）法律、法规或者国家标准、行业标准、地方标准规定的其他现场安全管理要求。

第三十条　生产经营单位应当建立健全劳动防护用品的采购、验收、保管、发放、使用和报废等管理制度，为从业人员无偿提供符合国家标准或者行业标准的劳动防护用品，监督、教育从业人员按照使用规则佩戴、使用，并如实记录。

禁止以货币或者其他物品代替劳动防护用品。

第三十一条　生产经营单位将生产经营项目、场所发包或者出租给其他单位的，应当对承包单位、承租单位的安全生产条件或者相应的资质进行审查；对不具备安全生产条件或者相应资质的，不得发包、出租。不具备安全生产条件或者相应资质的生产经营单位，不得承包、承租。

生产经营单位违反前款规定将经营项目、场所发包或者出租给不具备安全生产条件或者相应资质的单位或者个人，导致发生生产安全事故的，发包方或者出租方应当承担主要责任；给他人造成损害的，与承包方、承租方承担连带赔偿责任。

第三十二条　生产经营项目、场所发包或者出租给其他单位的，生产经营单位应当与承包单位、承租单位签订专门的安全生产管理协议，或者在承包合同、租赁合同中约定各自的安全生产管理职责，并对承包单位、承租单位的安全生产工作统一协调、管理，定期检查承包单位、承租单位的安全生产状况，发现问题及时督促整改。

安全生产管理协议，或者在承包合同、租赁合同中应当包括下列安全生产管理事项：

（一）双方安全生产职责、各自管理的区域范围；

（二）发包项目、出租场所及相关设备的基本情况和安全生产要求；

（三）在安全生产方面各自享有的权利和承担的义务；

（四）对安全生产管理奖惩、生产安全事故应急救援和善后赔偿、安全生产风险抵押金的约定；

（五）对生产安全事故的报告、配合事故调查处理的约定；

（六）其他应当约定的内容。

第三十三条　同一建筑物内两个以上生产经营单位共同委托物业服务企业或者其他管理人进行管理的，由物业服务企业或者其他管理人依照委托协议承担其管理范围内的安全生产管理职责。

第三十四条　生产经营单位应当建立和实施对协作单位安全生产条件进行审查的制度。生产经营单位选择的协作单位的安全生产条件，应当符合法律、法规和国家标准或者行业标准。

第三十五条　歌舞厅、影剧院、体育场（馆）、宾馆、饭店、商（市）场、旅游区（点）、网吧、养老院、车站、码头等人员密集场所，应当符合下列规定：

（一）建筑的主体和承重结构未改变；

（二）设置标志明显的安全出口和符合疏散要求的疏散通道，并保持畅通；

（三）按照规定配备应急广播和指挥系统、应急照明设施、消防器材，安装安全监控系统，并确保完好、有效；

（四）制定应急救援预案，组织应急救援演练；

（五）经营场所实际容纳的人员不得超过规定的容纳人数；

（六）有关责任人能够熟练使用应急广播和指挥系统，掌握应急救援预案的全部内容；

（七）从业人员能够熟练使用消防器材，知晓安全出口和疏散通道的位置及本岗位的应急救援职责；

（八）法律、法规的其他有关规定。

第三十六条 生产经营单位必须依法参加工伤保险，为从业人员缴纳保险费。

在矿山、危险化学品、烟花爆竹、交通运输、建筑施工、民用爆炸物品、金属冶炼、渔业生产等高危行业和重点领域强制实施安全生产责任保险。

鼓励其他生产经营单位参加安全生产责任保险。

第三章 安全生产的监督管理

第三十七条 省人民政府应当制定和实施安全生产工作考核办法，对市、县人民政府在安全生产监督管理的责任体系、依法治理、体制机制、安全预防、基础建设和事故防控等方面进行考核。

第三十八条 省、市、县人民政府应当根据本行政区域内的安全生产状况和部门职责，坚持管安全生产必须管职业健康的原则，明确各部门监管范围，并建立安全生产工作协调机制，形成综合监管和行业监管合力；制定有关部门安全生产权力和责任清单，尽职照单免责、失职照单问责。

第三十九条　县以上安全生产监督管理部门在对本行政区域内的安全生产工作实施综合监督管理过程中，履行下列职责：

（一）研究拟订安全生产政策和规划并组织实施；

（二）负责安全生产目标管理考核的具体工作；

（三）组织专项整治、安全生产大检查和专项督查；

（四）负责安全生产应急管理的综合监管，指导协调、监督检查有关行业和领域的安全生产应急组织、应急平台、应急救援基地和队伍建设等工作；

（五）组织开展安全生产法律法规和安全知识的宣传教育；

（六）根据同级人民政府的授权，组织生产安全事故调查处理和结案工作；

（七）法律、法规和本级人民政府规定的其他职责。

第四十条　其他负有安全生产监督管理职责的部门在各自的职责范围内，依法对有关行业、领域的安全生产工作履行下列职责：

（一）研究制定本行业、领域安全生产政策措施；

（二）按照法律、法规的规定，对涉及安全生产的有关事项实施审批；

（三）负责本行业、领域的安全生产监督管理工作，对违法行为依法实施行政处罚；

（四）组织开展本行业、领域安全专项检查；

（五）指导监督制定分管行业应急预案，并组织应急演练；

（六）组织或者参与生产安全事故应急救援和事故调查处理；

（七）法律、法规和本级人民政府规定的其他职责。

第四十一条 各级人民政府有关部门应当支持、监督各类职业技能教育（培训）学校、机构（基地）的安全生产教学、培训工作。

第四十二条 负有安全生产监督管理职责的部门，应当依照各自职责和分类分级监督管理的要求，制定年度安全生产监督检查计划和工作方案，重点对以下生产经营单位和场所进行监督检查：

（一）危险物品生产、经营、储存、使用单位以及矿山、建筑施工、金属冶炼、船舶修造、机械制造、交通运输等生产经营单位；

（二）存在重大危险源、重大事故隐患以及事故风险较高的生产经营单位；

（三）有安全生产不良记录以及被举报、投诉和事故风险较高的生产经营单位；

（四）近三年内曾发生较大以上生产安全事故的生产经营单位；

（五）其他纳入国家重点监管调度范围的生产经营单位和场所。

第四十三条 安全生产监督检查包括下列重点事项：

（一）依法通过有关安全生产行政许可情况；

（二）建立健全和落实安全生产责任制、安全管理规章制度和操作规程情况；

（三）依法设置安全生产管理机构和配备安全生产管理人员或者聘用安全技术人员情况；

（四）提取和使用安全生产费用，以及其他安全生产投入情况；

（五）有关人员的安全生产教育和培训、考核及档案管理情况；

（六）新建、改建、扩建工程项目的安全设施与主体工程同时设计、同时施工、同时投入生产和使用，以及按照规定办理设计审查和竣工验收情况；

（七）安全警示标志的设置，安全设备、设施的维护、保养、定期检测情况；

（八）重大危险源辨识、登记建档、定期检测、评估、监控和制定专项预案情况；

（九）劳动防护用品购置、配备和使用情况；

（十）两个以上生产经营单位在同一作业区从事生产经营活动的安全管理、检查与协调情况；

（十一）对承包单位、承租单位的安全生产协调、管理情况；

（十二）建立健全生产安全事故隐患排查治理制度，及时发现并消除事故隐患，如实记录事故隐患治理，以及向从业人员通报的情况；

（十三）安全生产应急管理情况；

（十四）按照规定报告生产安全事故情况；

（十五）依法应当监督检查的其他情况。

监督检查不得影响被检查单位正常的生产经营活动。

第四十四条 城乡规划行政主管部门不得在城镇人口密集区批准新建、改建、扩建生产和储存易燃易爆物品、危险化学品的工厂、仓库。已在城镇人口密集区建成的上述项目，应当纳入改造规划，逐步迁出或者转产。

城乡规划行政主管部门在重大危险源、铁路、高压输电线路和危险物品输送管道等安全距离范围内，不得批准建设建筑物、构筑物。安全距离范围内已有建筑物、构筑物的，按照法律、法规的规定处理；没有规定的，应当对已有建筑物、构筑物采取保障安全的措施或者依法拆除。

第四十五条 县以上安全生产监督管理部门应当组建安全生产专家组，下级安全生产监督管理部门可以聘用上级安全生产监督管理部门安全生产专家组成员，为安全生产监督管理工作提供咨询、技术、管理等服务。

第四十六条 省、市、县人民政府应当加大对工伤预防的投入，完善工伤预防、救治和康复机制。按照国家有关规定，每年从工伤保险基金中安排一定比例的费用，用于工伤预防的宣传、培训、咨询服务等。

第四十七条 负有安全生产监督管理职责的部门，应当对生产经营单位实行安全生产诚信分类管理，建立激励和惩戒制度，将安全生产违法行为信息纳入全省企业信用信息公示系统，并实现部门间信用信息资源的共享。

负有安全生产监督管理职责的部门，应当建立健全安全生产违法行为信息库，如实记录生产经营单位的安全生产违法行为信息；对违法行为情节严重的生产经营单位，应当向社会公告，在经营、投融资、政府采购、工程招投标、国有土地出让、授予荣誉、进出口、出入境、资质审核等方面依法予以限制或者禁止。具体办法由省安全生产监督管理部门会同省有关部门制定，报省人民政府批准后实施。

第四十八条 省、市、县人民政府应当建立健全安全生产约谈制度，对未依法履行安全生产职责，未按时完成重要安全生产任务，或者辖区内发生较大以上生产安全事故的本级人民政府有关部门和下级人民政府主要负责人进行约谈。

第四十九条 任何单位或者个人对事故隐患或者安全生产违法行为，均有权向负有安全生产监督管理职责的部门举报。

负有安全生产监督管理职责的部门应当建立举报制度，公开举报电话、信箱或者电子邮件地址，受理有关安全生产的举报；对受理的举报应当及时组织核查，依法处理，并为举报者保密。

第五十条 负有安全生产监督管理职责的部门的安全生产监督检查人员在监督检查工作中，应当尽到下列职责：

（一）按照法定条件和程序作出行政许可决定；

（二）按照年度安全生产监督检查计划进行监督检查；

（三）对受理的举报及时组织核查，依法处理，并为举报者保密；

（四）对监督检查中发现的问题责令整改，并在整改期满后进行验收；

（五）发现不属于本部门管辖权限的安全生产违法行为，按照规定及时移送有管辖权的部门。

第四章　生产安全事故的应急救援与调查处理

第五十一条　省、市、县人民政府应当组织有关部门制定本行政区域内生产安全事故应急救援预案，建立健全安全生产应急救援体系，完善应急救援机制，建立安全生产应急救援队伍，储备应急救援物资、装备，加强安全生产应急资源共享和信息互通。

第五十二条　生产经营单位应当按照规定建立生产安全风险警示和预防应急公告制度，完善风险排查、评估、预警和防控机制，加强风险预控管理。

第五十三条　生产经营单位应当制定本单位生产安全事故应急救援预案，与所在地县以上人民政府组织制定的生产安全事故应急救援预案相衔接，并根据本单位存在的危险源和风险等因素制定并及时修订事故应急预案。事故应急预案应当按照有关规定报负有安全生产监督管理职责的部门备案。

生产经营单位应当组织开展应急预案培训活动，有关人员应当掌握应急预案内容，熟悉应急职责、应急程序和岗位应急处置方案，并每年至少组织一次应急演练。

第五十四条　危险物品的生产、经营、储存单位以及矿山、金属冶炼、城市轨道交通运营、船舶修造、建筑施工单位应当建立应急救援组织，配备必要的应急救援器材、设备和物资，并进行经常性维护、保养，保证正常运转；生产经营规模较小的，可以不建立应急救援组织，但应当指定兼职的应急救援人员，并与专职应急队伍签订应急救援协议。

矿山、金属冶炼、船舶修造、建筑施工、道路运输、城市轨道交通运营单位和危险物品的生产、经营、储存等生产经营单位，应当至少每半年组织一次应急演练。

第五十五条 生产经营单位发生生产安全事故后，事故现场有关人员应当立即向本单位负责人报告。事故发生单位负责人接到事故报告后，应当立即启动事故相应应急预案，采取有效措施，组织抢救，防止事故扩大，减少人员伤亡和财产损失，并按照有关规定向事故发生地县以上安全生产监督管理部门和其他有关部门报告。

县以上安全生产监督管理部门和其他有关部门接到事故报告后，应当按照规定上报事故情况，其负责人应当立即赶赴事故现场，组织事故救援。

任何单位和个人不得迟报、漏报、谎报或者瞒报事故。

第五十六条 省、市、县人民政府及其有关部门应当做好与生产安全事故相关的政务舆情回应工作，及时发布事故权威信息。

第五十七条 特别重大事故按照国务院有关规定进行调查。特别重大以下等级的事故按照下列规定进行调查：

（一）重大事故，由省人民政府授权省安全生产监督管理部门组织事故调查组进行调查；

（二）较大事故，由设区的市人民政府授权事故发生地的市安全生产监督管理部门组织事故调查组进行调查；

（三）一般事故，由县人民政府授权事故发生地的县安全生产监督管理部门组织事故调查组进行调查。其中，中央驻辽和省属生产经营单位发生的一般事故，由设区的市安全生产监督管理部门组织事故调查组进行调查；未造成人员伤亡或者直接经济损失 10 万元以上 100 万元以下的一般事故，县人民政府也可以委托事故发生单位组织事故调查组进行调查，事故调查结果应当向县安全生产监督管理部门报告。

省、市、县人民政府认为必要时，可以直接组织事故调查组进行调查。上级安全生产监督管理部门可以直接组织调查下级安全生产监督管理部门负责调查的事故。法律、行政法规对事故调查另有规定的，从其规定。

第五十八条 事故调查组对事故的原因、性质和事故责任者处理建议未能达成一致时，事故调查组组长有权提出结论性意见，不同意见应当如实记入事故调查报告；事故调查组成员仍有不同意见的，应当进一步协调；经协调仍不能统一意见的，应当报本级人民政府裁决。

第五十九条 事故调查报告经有关人民政府批复后，应当依法及时向社会公布。

事故发生单位应当将对本单位负有事故责任的人员的处理结果以及落实防范措施情况向全体职工公开，并向所在地负有安全生产监督管理职责的部门报告。

负责查处事故的安全生产监督管理部门应当在事故结案一年后及时组织专项督查和评估，专项督查和评估情况报上一级人民政府备案。

第六十条 发生生产安全事故、造成人员伤害需要抢救治疗的，事故发生单位应当及时组织抢救治疗并支付医疗和护理费用、事故救援、善后处理、险情处置等费用，并依法予以赔偿。

第五章 法 律 责 任

第六十一条 生产经营单位违反本条例规定有下列行为之一的，给予警告，并可处二万元以上五万元以下的罚款：

（一）未建立安全生产规章制度或者不执行安全生产规章制度的；

（二）违章指挥或者强令从业人员违章、冒险作业的。

第六十二条 危险物品的生产、经营、储存单位以及矿山、金属冶炼、城市轨道交通运营、船舶修造、建筑施工单位，违反本条例规定有下列行为之一的，责令限期改正，并可处五万元以下的罚款；逾期未改正的，处五万元以上十万元以下的罚款，对直接负责的主管人员和其他直接责任人员处一万元以上二万元以下的罚款：

（一）未建立应急救援组织或者指定兼职的应急救援人员、与专职应急队伍签订应急救援协议的；

（二）未配备必要的应急救援器材、设备和物资，并进行经常性维护、保养，保证正常运转的。

第六十三条 违反本条例规定的行为，法律、法规已有处罚规定的，按照其规定予以处罚。

行政处罚由安全生产监督管理部门和其他负有安全生产监督管理职责的部门按照分工决定；予以关闭的行政处罚由负有安全生产监督管理职责的部门报请县以上人民政府按照国务院规定的权限决定；有关法律、法规对行政处罚的决定机关另有规定的，从其规定。

第六章 附 则

第六十四条 本条例自 2017 年 3 月 1 日起施行。2007 年 9 月 28 日辽宁省第十届人民代表大会常务委员会第 33 次会议通过的《辽宁省安全生产条例》同时废止。